指・手あそび、身体・表現あそび、ペア・集団あそび

保育者のための
手あそび歌あそび60

伊藤嘉子 編著

音楽之友社

この音楽著作物の全部または一部を権利者に無断で複製（コピー）することは，著作権の侵害にあたり，著作権法により罰せられます。

はじめに

　子どもにとって『うた』との出会いは、やさしいお母さんの歌う声からでしょう。そして、子どもはお母さんの体の動きを真似しながらいっしょに歌う楽しさ、また指あそびや手あそびの面白さを覚え、どんどん成長していくのです。
　お母さんといっしょに遊んだり、保育者やお友だちといっしょにリズムに合わせて軽快に動くことは、協調性を育て感性を豊かにします。
　指や手あそびをすることは大脳の働きを促し、心身ともに健康な体を作る助けにもなります。
　特に保育者が、音楽あそびを通していつも笑顔で生活指導ができたら、子どもたちにとって、どんなに快い1日の園生活を送ることができることでしょう。保育者は、いつでもどこでも『うた』を言葉のようにあやつって、子どもたちとの触れ合いを多くし、想像する心や、ものを作り出す創造性を高め、豊かな心を育てられるよう心がけたいものです。
　「あそび歌」は、幼児期（年齢が低いほど大切）の体の触れ合いを通して、心と心の交流をはかることのできる大切な要素をもっているといえます。歌の歌詞や、動作を覚え込まそうと強制するのではなく、何回も何回も繰り返し、繰り返し歌いあそぶことで自然に身に付いていき、楽しさや面白さを感じることのできる音楽あそびに発展できるのです。
　本書では、そうしたあそびの全集ともなるように、保育の現場で人気の高い「あそび歌」をセレクトしました。さらに多くの場面で活用していただけることを願っております。
　特に年齢別に区分してありません。それは子ども1人ひとりにとって、また地域によって、いろいろな場面で活用していただけるようにと願って、あえて「○○歳児向け」とか、「○○歳児用」という指定を避けました。その歌が面白いと思われるならば、年齢を問わず取り上げていただけたら大変うれしいと思います。

2004年2月　伊藤　嘉子

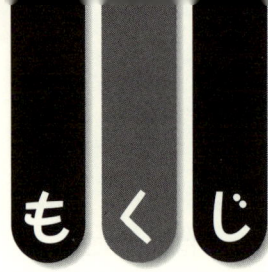

1. 指あそび

- ピクニック ･･････････････ 作者不詳 ････････････････････････････････････ 6
- 1丁目のドラネコ ･･････････ 阿部直美 作詞・作曲 ････････････････････････ 8
- 五人のこびと ･････････････ 作詞・作曲不詳・伊藤嘉子 編曲 ･･････････････ 10
- いちにのさん ･････････････ わらべうた・伊藤嘉子 編曲 ･････････････････ 11
- パン屋に五つのメロンパン ･･ 中川ひろたか 訳詞・イギリス民謡 ････････････ 12
- じゃんけんあそび ･････････ 伊藤嘉子 作詞・作曲 ････････････････････････ 14
- とうさんゆびどこです ･････ 作詞不詳・フランス民謡・伊藤嘉子 編曲 ･･････ 15
- 10人のインディアン ･･････ 高田三九三 作詞・アメリカ民謡・伊藤嘉子 編曲 ･ 16
- おやすみ ･････････････････ 伊藤嘉子 作詞・作曲 ････････････････････････ 18
- ニワトリかぞえうた ･･･････ 阿部直美 作詞・作曲 ････････････････････････ 20
- げんきですか ･････････････ 伊藤嘉子 作詞・作曲 ････････････････････････ 22
- こんにちは さようなら ････ 伊藤嘉子 作詞・作曲 ････････････････････････ 24
- 親子のきつね ･････････････ 作詞・作曲不詳・伊藤嘉子 編曲 ･･････････････ 26
- いっぴきの野ねずみ ･･･････ 作詞不詳・イギリス民謡・伊藤嘉子 編曲 ･･････ 28
- 指さん拍手 ･･･････････････ 阿部直美 作詞・作曲 ････････････････････････ 30
- おやゆびこゆび ･･･････････ 片岡輝 作詞・越部信義 作曲・伊藤嘉子 編曲 ･･ 32
- これくらいのおべんとばこ ･ 作詞・作曲不詳・伊藤嘉子 編曲 ･･････････････ 36

2. 手あそび

- グーチョキパーでなにつくろう ･ 作詞者不詳・フランス民謡 ････････････････ 38
- あおむしでたよ ･･･････････ 作詞・作曲不詳 ･････････････････････････････ 39
- グーチョキあそびうた ･････ 阿部直美 作詞・作曲 ････････････････････････ 40
- まほうのつえ ･････････････ まどみちお 作詞・渡辺茂 作曲・伊藤嘉子 編曲 ･ 41
- おゆびをだそう ･･･････････ 伊藤嘉子 作詞・木全洋一 作曲 ･･････････････ 42
- でんでんむしどこだ ･･･････ 作詞・作曲不詳・伊藤嘉子 編曲 ･･････････････ 44
- チョキチョキダンス ･･･････ 作詞・作曲不詳・イギリス民謡 ･･････････････ 46
- やきいもグーチーパー ･････ 阪田寛夫 作詞・山本直純 作曲 ･･････････････ 48
- トンパンドン ･････････････ おうちやすゆき 作詞・越部信義 作曲・伊藤嘉子 編曲 ･ 50
- なにかな ･････････････････ 伊藤嘉子 作詞・作曲 ････････････････････････ 53

3. 身体・表現あそび

- おおきなくりのきのしたで ･ 作詞不詳・寺島尚彦 補作・イギリス民謡 ･･････ 56
- 小さな庭 ･････････････････ 作詞・作曲不詳 ･････････････････････････････ 58
- サラスポンダ ･････････････ オランダ民謡 ･･･････････････････････････････ 60
- だれかな ･････････････････ 伊藤嘉子 作詞・作曲 ････････････････････････ 62

ごんべさんのあかちゃん	アメリカ民謡	64
木登りコアラ	多志賀明 作詞・作曲	66
コロコロたまご	作者不詳	68
ゆらゆらタンタン	作詞・作曲不詳	70
やまごやいっけん	志摩桂 作詞・アメリカ民謡	72
くるみの木のうた	佐倉智子 作詞・おざわたつゆき 作曲	74
きんぎょさんとめだかさん	作詞・作曲不詳・伊藤嘉子 編曲	76
ポンチョンピン	吉岡治 作詞・小林亜星 作曲・伊藤嘉子 編曲	78
どんなおひげ	佐倉智子 作詞・おざわたつゆき 作曲・伊藤嘉子 編曲	80
トントントンはいってますか	伊藤アキラ 作詞・越部信義 作曲・伊藤嘉子 編曲	83
鬼のパンツ	作詞不詳・Denza 作曲・伊藤嘉子 編曲	86
あらどこだ	神沢利子 作詞・越部信義 作曲	89
山ぞくのうた	田島弘 作詞・小島祐喜 作曲・伊藤嘉子 編曲	92
かなづちトントン	高木乙女子 訳詞・外国曲	97
奈良の大仏さん	作詞不詳・二階堂邦子 補詞・川澄健一 作曲	100
まど	赤城芙士夫 作詞・柴田公平 作曲・伊藤嘉子 編曲	104

4. ペア・集団あそび

おつむてんてん	阿部直美 作詞・作曲	107
おめめさん おはなさん	佐倉智子 作詞・おざわたつゆき 作曲	108
すいか	阿部直美 作詞・作曲／セリフ 伊藤嘉子	109
チャイムならして	阿部直美 作詞・作曲	110
はなびらとまった	佐倉智子 作詞・おざわたつゆき 作曲	111
あさがおコリャコリャ	阿部直美 作詞・作曲	112
お寺のおしょうさん	わらべうた・伊藤嘉子 編曲	114
パン屋さんにおかいもの	佐倉智子 作詞・おざわたつゆき 作曲	116
たまねぎせっせっせ	阿部直美 作詞・作曲	118
アブラハムの子	作詞者不詳・外国曲	121
カレーライス	ともろぎゆきお 作詞・峯陽 作曲	124
大工のきつつきさん	伊藤嘉子 作詞・補作／スイス民謡	128
アビニョンの橋で	小林純一 訳詞・フランス民謡	135

〈付録〉

ありがとうさようなら	井出隆夫 作詞・福田和禾子 作曲・伊藤嘉子 編曲	

装丁 石渡早苗　イラスト 高木美弥

ピクニック

作者不詳

1 と 5 で たこやき たべて　2 と 5 で ヤキソバ たべて
3 と 5 で スパゲティ たべて　4 と 5 で ケーキを たべて
5 と 5 で おにぎり つくって ピクニック ヤッ

① 1と5で

② たこやきたべて

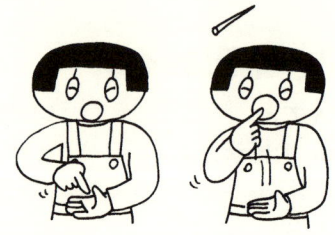

くしに刺してたこやきを食べるまね

③ 2と5で

④ やきそば食べて

はしでやきそばを食べるまね

⑤3と5で

⑥スパゲティ食べて

⑦4と5で

⑧ケーキを食べて

⑨5と5で

⑩おにぎりつくってピクニック

おにぎりをつくっているまね

⑪ヤッ！

★遠足の話をするときなどによく使います。最後の「ヤーッ！」のところで、うれしい気持ちを目いっぱい表現すると子どもたちもいっしょに元気よく「ヤーッ！」と声が出ます。

１丁目のドラネコ

阿部直美　作詞／作曲

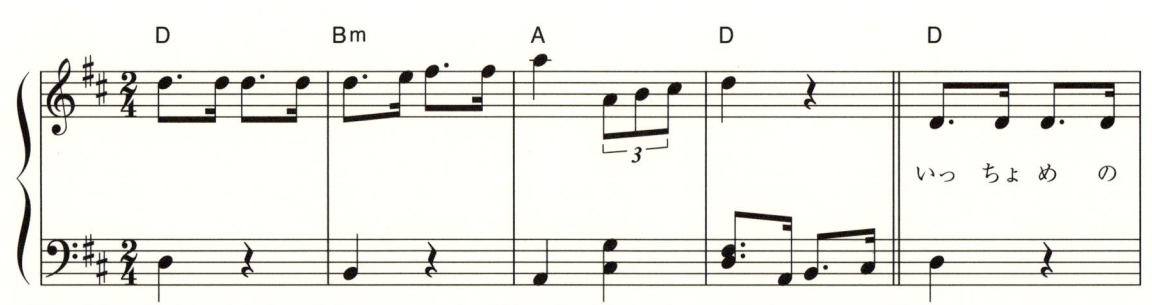

① いっちょめのドラねこ

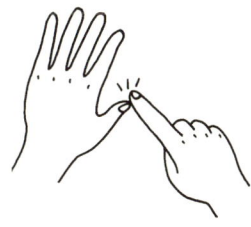

右手の人さし指で左手の親指を4回たたく

② にちょめのクロねこ

同じように左手の人さし指を4回たたく

③ さんちょめのミケねこ

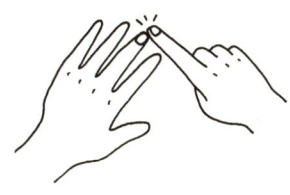

左手の中指を4回たたく

④ よんちょめのトラねこ

左手の薬指を4回たたく

⑤ ごちょめのネズミは

左手の小指を4回たたく

⑥ おいかけられてあわててにげこむ

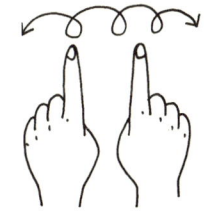

両手の人さし指を出して、左右同じ方向に、くるくると動かす

⑦ あなのなか

左手の親指と人さし指で円を作り、右手の人さし指を円の中に入れる

⑧ ニャオー

両手でネコの耳を作って頭へ持っていく

★「おいかけられて　あわててにげこむ　あなのなか」のところは、子どもたちに両手の親指と人さし指で円を作らせて、保育者が指を入れに行ってあげるのもよいでしょう。

五人のこびと

作詞・作曲不詳
伊藤嘉子　編曲

1. こ　び　と　が　ひ　と　り
2. こ　び　と　の　お　う　ち
3. こ　び　と　が　の　ぞ　く

こびとがふたり　　さんにんよにん　　ごにんのこびと
かわいいおうち　　おまどがいつつ　　ちいさいおまど
まどからのぞく　　ラッタラーラッタラー　うたーってのぞく

1番

① こびとがひとり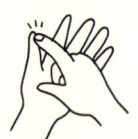
左手をひらき、右手人さし指で、左手の親指をさす

② こびとがふたり
①と同じように、右手人さし指で、左手の人さし指をさす

③ さんにん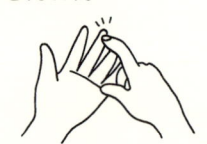
右手人さし指で、左手の中指をさす

④ よにん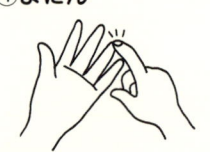
右手人さし指で、左手の薬指をさす

⑤ ごにんのこびと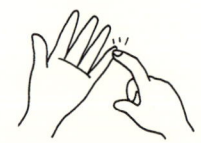
右手人さし指で、左手の小指をさす

2番

① こびとのおうち　かわいいおうち
胸の前で両手で家の屋根の形を作る

② おまどがいつつ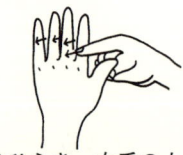
左手をひらき、右手の人さし指で左手の親指の根元におき親指と人さし指の間をさす

③ ちいさいおまど
左手の小指の外側を右手の人さし指でさす。順番に人さし指と中指、中指と薬指、薬指と小指の間をさしていく

3番

① こびとがのぞく　まどからのぞく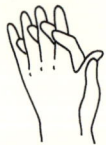
左手をひらき、右手の指の先を左手の指の間から少しのぞかせる

② ラッタラーラッタラー　うたってのぞく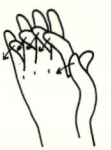
3番の①と同じ手の形で、指の先を出したり、ひっこめたりする

いちにのさん

わらべうた
伊藤嘉子 編曲

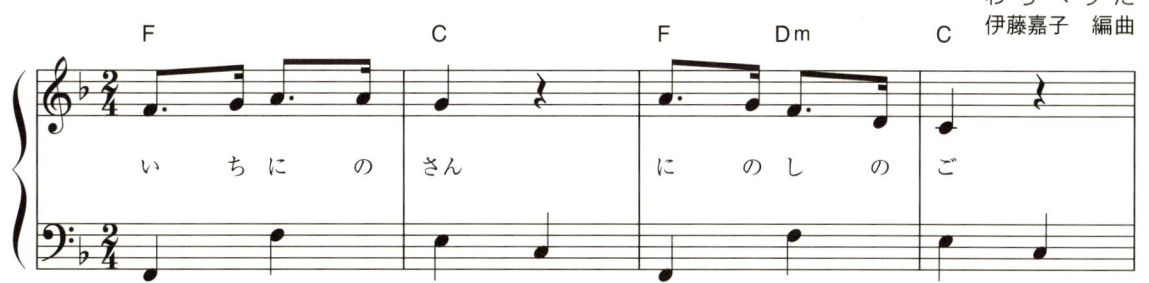

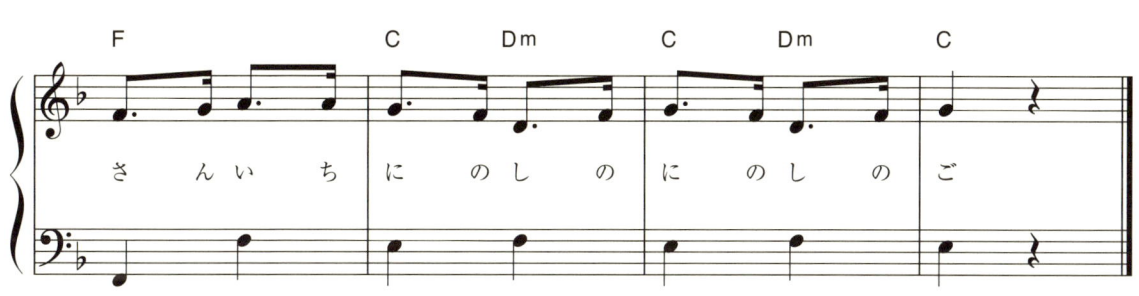

① いち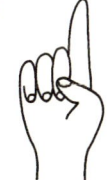
左手または右手の
人さし指を出す

② にの
人さし指と中指を
出す

③ さん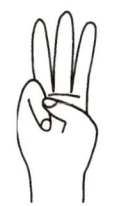
人さし指、中指、
薬指を出す

④ にの
②の動作をする

⑤ しの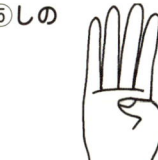
人さし指、中指、
薬指、小指を出す

⑥ ご
5本の指を出す

⑦ さん
③の動作をする

⑧ いち
①の動作をする

⑨ にの
②の動作をする

⑩ しの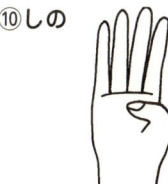
⑤の動作をする

⑪ にの
②の動作をする

⑫ しの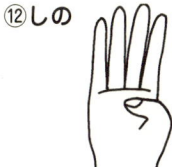
⑤の動作をする

⑬ ご
⑥の動作をする

★片手ができたら、両手でもやってみましょう。

★「いち」で親指を出し、「に」で親指と人さし指を出し、「さん」で親指、人さし指、中指を出し、「し」で親指、人さし指、中指、薬指を出すやり方は、昔からありますが、むずかしいので慣れたら挑戦してみましょう。

パン屋に五つのメロンパン

中川ひろたか　訳詞
イギリス民謡

会話　1.〜5. "おばさん　メロンパンひとつちょうだい" "はい　どうぞ"
　　　　6. "おばさん　メロンパンひとつちょうだい" "ごめんね　もうないの"

遊び方

1番　①パンやにいつつの
　　　　　メロンパン

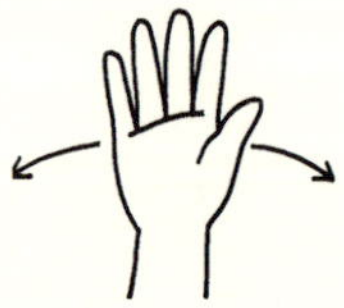

右指5本を広げて
左右に動かす

2番　パンやによっつの
　　　　メロンパン

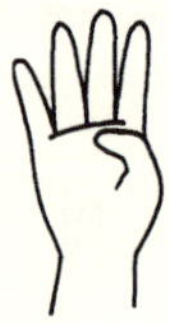

3番　パンやにみっつの
　　　　メロンパン

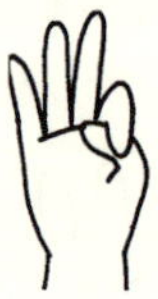

指あそび

- 4番
パンやにふたつの
メロンパン

- 5番
パンやにひとつの
メロンパン

- 6番
パンやにぜろこの
メロンパン

② 1番〜5番
ふんわりまるくておいしそう

③ こどもがひとり
やってきて

④ おばさんメロンパン

- 6番
ぜんぶうりきれ
メロンパン

両手でまるくパンの形を描く

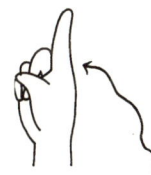

右人さし指を
体の後ろから出す

⑤ ひとつちょうだい

⑥ はいどうぞ

1番〜5番
メロンパン
ひとつ　かってった

6番
メロンパン
かえずに　かえってった

右人さし指を左親指に触れる

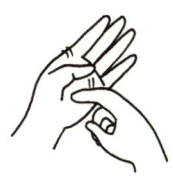

右人さし指で左親指を折る

右人さし指を体の後ろにかくす

じゃんけんあそび

伊藤嘉子 作詞/作曲

① じゃんけんあそびを しましょうね

② グーグーグー

③ チョキチョキチョキ

④ パーのパ

拍手を7回する

両手をげんこつにして
3回上下にふる

両手の人さし指と
中指を出し(チョキ)
3回上下にふる

両手をひらき
2回上下にふる

⑤ グーチョキパー グーチョキパー

⑥ じゃんけんぽん

②③④の形を出し、2回くりかえす

じゃんけんをする

とうさんゆび どこです

作詞　不詳
フランス民謡
伊藤嘉子　編曲

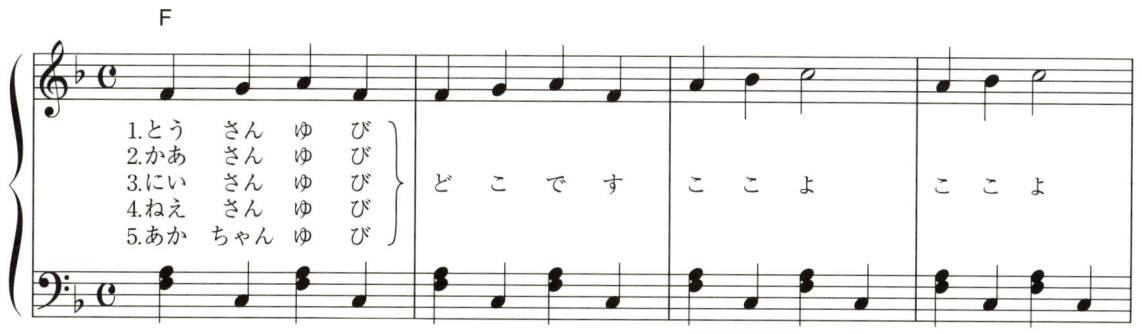

1. とうさんゆび
2. かあさんゆび
3. にいさんゆび
4. ねえさんゆび
5. あかちゃんゆび

どこです　ここよ　ここよ

ごきげんいかが　ありがとげんき　ではまた　さようなら

① とうさんゆび
　どこです

保育者が歌って呼びかけます。
子どもは両手を身体の後ろへ
かくしている

② ここよ
　ここよ

指定された指を
歌いながら
正面に出してくる

③ ごきげん
　いかが

親指どうし
4回打ち合わせる

④ ありがと
　げんき

親指を向かい合わせて、
曲げておじぎをする

⑤ ではまた
　さようなら

両手を左右にはなし、
身体の後ろへかくす

★2番から5番まで1番と同じように、保育者の呼びかけに合わせて指を出し②から⑤の動作をくりかえします。

10人のインディアン

高田三九三　作詞
アメリカ民謡
伊藤嘉子　編曲

指あそび

㋑

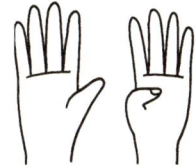

右手（左手）をひらき左手（右手）の親指を折り、この形を用意する

① ひとり

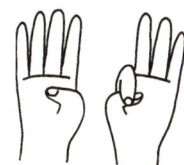

右手の親指を折り、左手の親指と人さし指を折る

② ふたり

右手の親指と人さし指を折り、左手の親指、人さし指、中指を折る

③ さんにんのインディアン

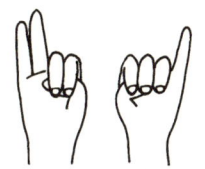

右手の親指、人さし指、中指を折り、左手の親指、人さし指、中指、薬指を折る

④ よにん

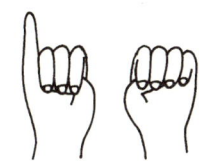

右手の親指、人さし指、中指、薬指を折り、左手はげんこつを作る

⑤ ごにん

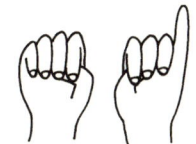

右手はげんこつを作り、左手小指を立てる

⑥ ろくにんのインディアン

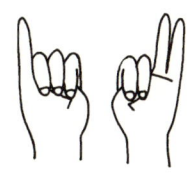

右手の小指を立てて、左手は小指と薬指を立てる

⑦ しちにん

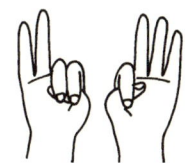

右手の小指と薬指を立てて、左手は小指、薬指、中指を立てる

⑧ はちにん

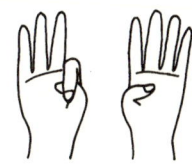

右手の小指、薬指、中指を立てて、左手は小指、薬指、中指、人さし指を立てる

⑨ きゅうにんのインディアン

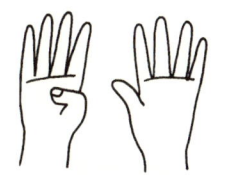

右手の小指、薬指、中指、人さし指を立てて、左手はひらく

⑩ じゅうにんのインディアンボーイ

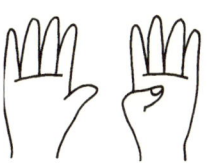

㋑の形にもどる

★初めは両手で同じようにやってみましょう。このやり方はなれないとむずかしいですが、リズミカルに、両手を左右にかるくふりながらやってみましょう。左右どちらの指から始めてもよい。

おやすみ

伊藤嘉子 作詞/作曲

指あそび

① とうさんゆび

両手の手首をくっつけて、親指どうしを2回打ち合わせる

② おやすみ
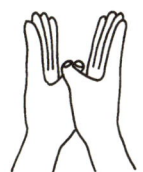
親指どうし組み合わせる

③ かあさんゆび

人さし指どうし2回打ち合わせる

④ おやすみ

人さし指どうし組み合わせる

⑤ にいさんゆび

中指どうし2回打ち合わせる

⑥ おやすみ

中指どうし組み合わせる

⑦ ねえさんゆび

薬指どうし2回打ち合わせる

⑧ おやすみ

薬指どうし組み合わせる

⑨ あかちゃんゆび

小指どうし2回打ち合わせる

⑩ ねんね

小指どうし組み合わせる

⑪ みん
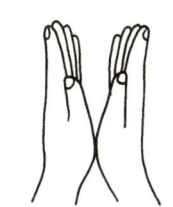
全部の指を立てる

⑫ なも

全部の指を組み合わせる

⑬ おやす

⑪の動作をする

⑭ み

⑫の動作をする

★⑪～⑭は、ゆっくりくりかえすこと。さいごにアーメンのお祈りの形になるようにします。

ニワトリかぞえうた

阿部直美 作詞・作曲

あそびのテンポで

① いち(1)わの

右手の人さし指を出す

② ニ(2)ワトリさんが

右手の人さし指と中指を出す

③ み(3)つけた

右手の人さし指、中指、薬指を出す

④ し(4)めた

右手の人さし指、中指、薬指、小指を出す

⑤ ご(5)ちそう

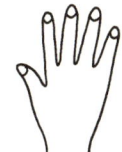

右手を全部ひらく

⑥ ろく(6)じに

右手をひらき、左手の人さし指を出す

⑦ な(7)ったら

右手をひらき、左手の人さし指と中指を出す

⑧ や(8)いてたべよとおもったけれど

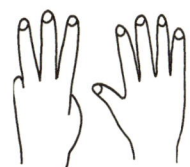

右手をひらき、左手の人さし指、中指、薬指を出す

⑨ おなかがクー(9)クー

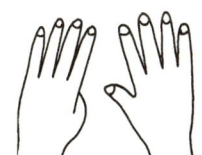

右手をひらき、左手の人さし指、中指、薬指、小指を出す

⑩ と(10)っても

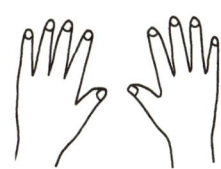

両手をひらく

⑪ まてない

拍手を2回する

⑫ よ　パクッ

両手を上下に合わせ、くちばしの形にして、食べるまねをする

★1から10まで指を順に出していくとき、手を左右リズミカルにふりながらやってみましょう。
★最後の「パクッ」のところは保育者が子どもたちの頭や身体をつかまえに行ってみましょう。

げんきですか

伊藤嘉子 作詞/作曲

指あそび

1番

① おやゆびとうさん

両手を身体の後ろに
かくす

② げんきかい

両手の親指を前に出す

③ ひとさしゆびかあさん

①の動作をする

④ げんきですか

両手の人さし指を出す

⑤ みんなもいっしょに

①の動作をする

⑥ げんきですか

拍手を3回する

⑦ パチン

親指と中指を打ちならす

★ 2番、3番は1番と同じように、歌詞に合わせて動作をしてみましょう。
★ 同時に指を出すのがむずかしい時は、①「おやゆびとうさん」で右手（左手）を出し、②「げんきかい」で左手（右手）を出してみましょう。その場合は①の動作ははぶきます。
★ ⑦のパチンのところは子どもたちにとって、とても興味のある動作です。音は出なくても、喜んで打ちならすまねをしてくれます。

こんにちは さようなら

伊藤嘉子 作詞/作曲

1番 ①**みぎからとうさんでてきたよ**　　②**ひだりからとうさんでてきたよ**

右手の親指を立てて、身体の正面に出してくる　　左手の親指を立てて、身体の正面に出してくる

③**こんにちは**　　④**さようなら**

親指どうし向かい合わせで曲げておじぎをする　　両手を左右にひっこめる

2番 ①**みぎからかあさんでてきたよ**　　②**ひだりからかあさんでてきたよ**

右手の人さし指を立てて、身体の正面に出してくる　　左手の人さし指を立てて、身体の正面に出してくる

③**こんにちは**　　④**さようなら**

人さし指どうし向かい合わせで曲げておじぎをする　　両手を左右にひっこめる

★2番から5番まで、それぞれの指を出して、1番と同じように①から④までの動作をやってみましょう。

親子のきつね

作詞・作曲　不詳
伊藤 嘉子　編曲

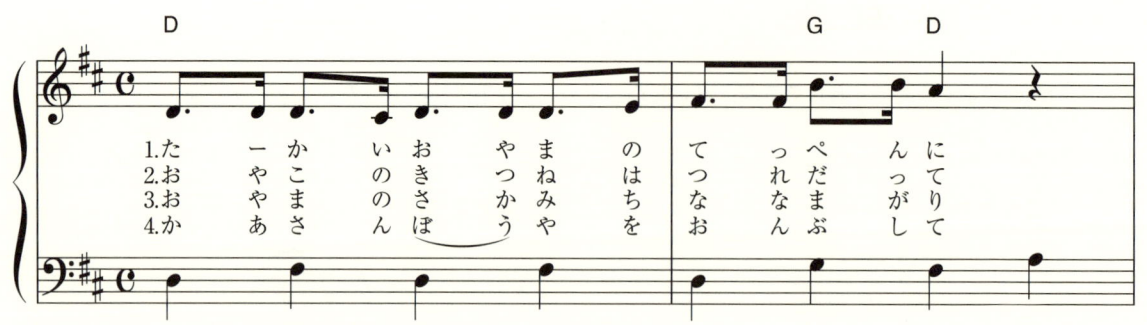

①たかいおやまのてっぺんに

②おやこのきつねがおったとさ

③おったとさ

両手を頭の上にもっていき、円を作る

両手の親指、中指、薬指をくっつけて、人さし指と小指を立ててきつねの形を作る

②の動作で、手を軽く上下にふる

1番

2番

①おやこのきつねは
　つれだって

きつねの形のまま、
両手で右の方向へ動かす

②トコトコさんぽにいったとさ

手首を上下にふりながら、
右から左へ動かす

③いったとさ

2番②の動作で左
から右へ動かす

3番

①おやまのさかみち
　ななまがり

両手を合わせて、
左右にふる

②サラサラおがわがあったとさ

両手を右から左へ
波をうたせながら動かす

③あったとさ

3番②の動作で
左から右へ動かす

4番

①かあさんぼうやを
　おんぶして

きつねの形を作り、
右手を左手の上にのせる
(どちらが上になってもよい)

②ポチャポチャおがわを
　こえたとさ

4番①の形のまま
手を左右に動かす

③こえたとさ

拍手を3回する

★1番③「おったとさ」、2番③「いったとさ」、3番③「あったとさ」は4番③と同様に拍手をしてもよいでしょう。

いっぴきの野ねずみ

作詞　不詳
イギリス民謡
伊藤嘉子　編曲

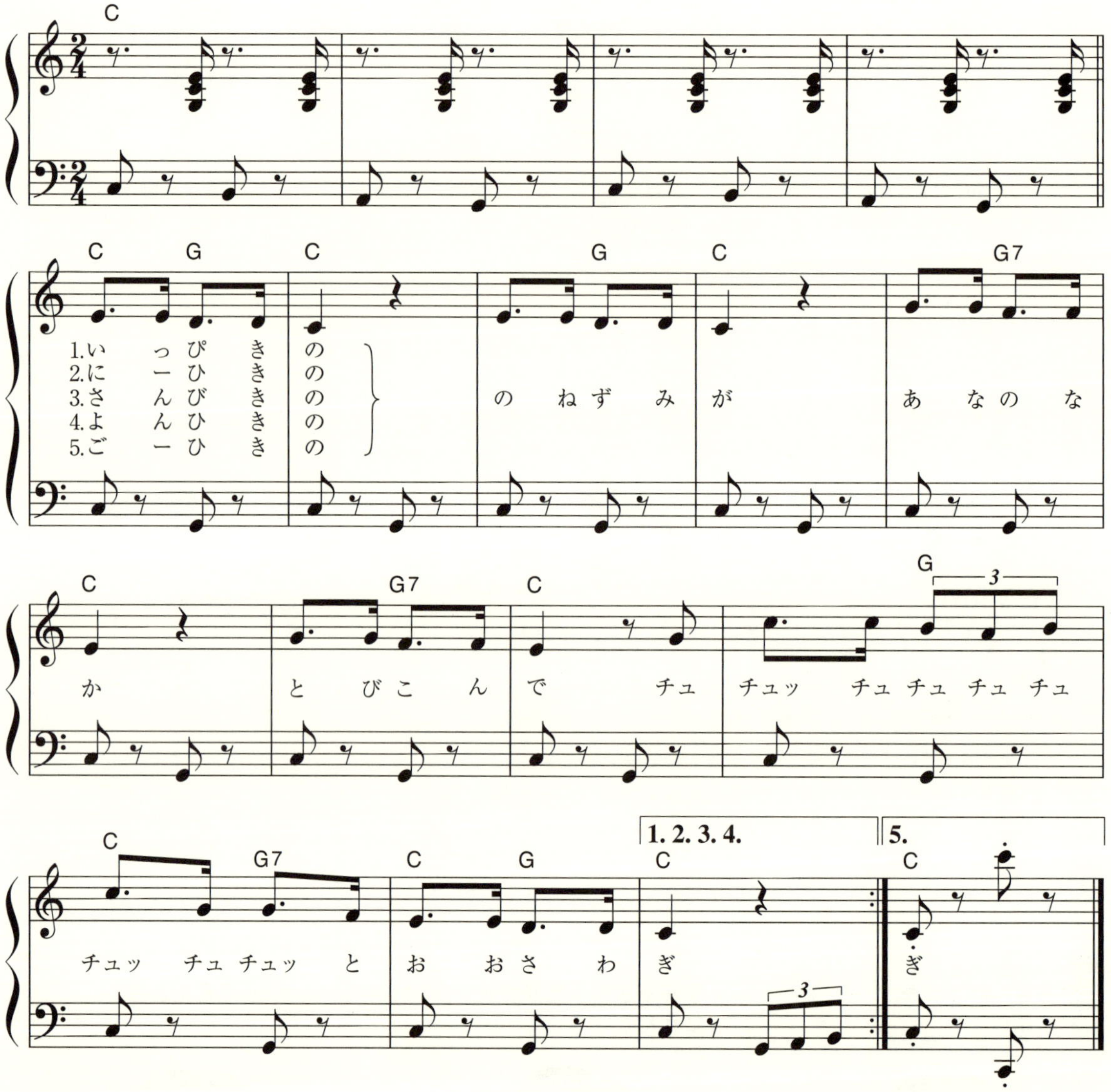

歌詞:
1. いっぴきの のねずみが あなのなか かと びこんで チュ チュッ チュ チュ チュ チュ チュッ チュ チュッ と おおさわぎ
2. にーひき の
3. さんびき の
4. よんひき の
5. ごーひき の

1番

① いっぴきの

右手（左手）人さし指を立てて、
細かく左右にふりながら、下から
上へあげていく

② のねずみが

左手（右手）人さし指で
①の動作をする

③ あなのなか

両手で円を作る

④とびこんで

左手で山形にトンネルを作り、右手をその中へさしこむ

⑤チュチュチュチュチュチュ　チュチュチュと

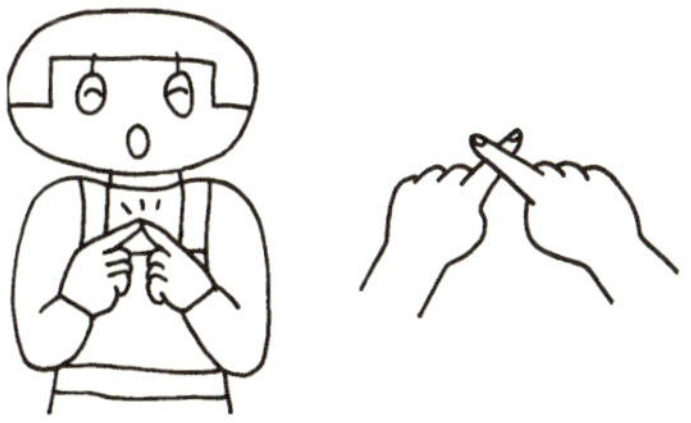

両手の人さし指どうしを4回打ち合わせるまたは、指を×印に打ち合わせてもよい

⑥おおさわぎ

両手の1本指をヒラヒラさせながら下におろす

2番　①にひきののねずみが

2本指で1番①、②と同じ動作をする

②あなのなかとびこんで

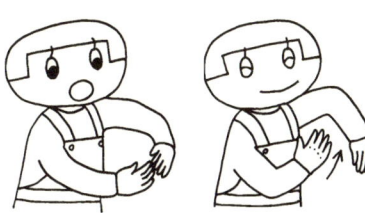

1番③、④の動作をする

③チュチュチュチュ……

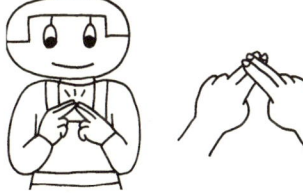

2本指で1番⑤の動作をする

④おおさわぎ

2本指で1番⑥の動作をする

3番　①さんびきののねずみが……

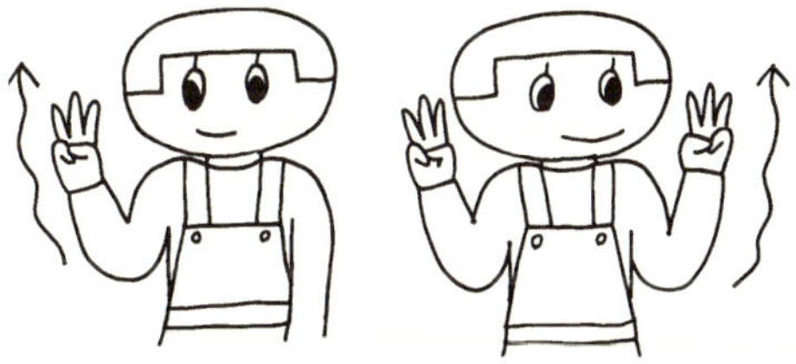

★3番と4番は指を使う動作のところは指をふやして、同じ動作をします。

4番　①よんひきののねずみが……

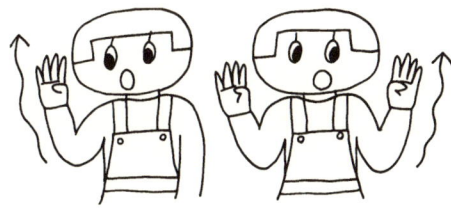

5番　①ごひきののねずみが

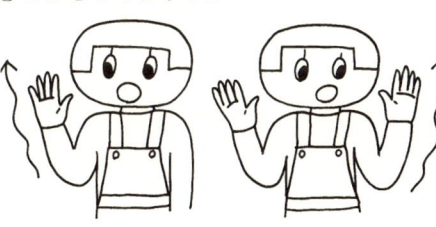

手をひらいて1番①、②の動作をする

②あなのなかとびこんで

1番③、④の動作をする

③チュチュチュチュ……

拍手を4回する

④おおさわぎ

両手をヒラヒラさせながらおろす

指さん拍手

阿部直美 作詞・作曲

1番

① とうさんと
両手の親指どうし
2回打ち合わせる

② かあさん
人さし指どうし
2回打ち合わせる

③ にいさんと
中指どうし2回
打ち合わせる

④ ねえさん
薬指どうし2回
打ち合わせる

⑤ あかちゃんも
いっしょに
小指どうし4回
打ち合わせる

⑥ ゆびさんはくしゅ
拍手を4回する

⑦ あたまで
両手を頭へもっていく

⑧ パンパン
両手で頭を2回たたく
(手拍子をしてもよい)

⑨ ほっぺで
両手をほほへ
もっていく

⑩ パンパン
両手でほほを
2回たたく
(手拍子をしてもよい)

⑪ おなかで
両手をおなかへ
もっていく

⑫ パンパン
片手ずつでおなかを
2回たたく

⑬ パンパンパン
拍手を3回する

⑭ あたまでパンパンほっぺでパンパン……パンパンパン

⑦⑧⑨⑩⑪⑫⑬の動作をする

おやゆびこゆび

片岡　輝　作詞
越部信義　作曲
伊藤嘉子　編曲

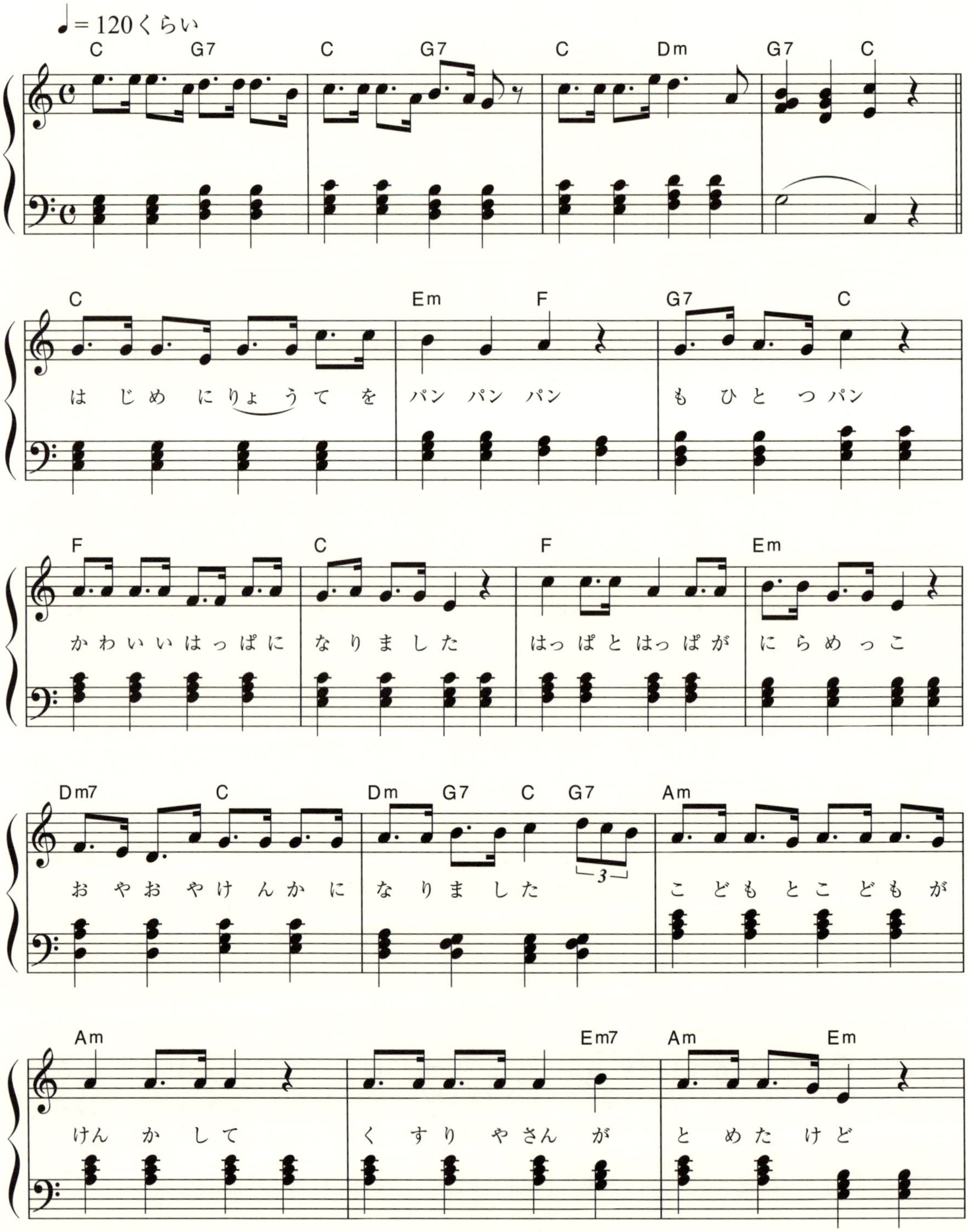
♩= 120くらい
C G7 C G7 C Dm G7 C
C Em F G7 C
はじめにりょうてを パンパンパン もひとつパン
F C F Em
かわいいはっぱに なりました はっぱとはっぱが にらめっこ
Dm7 C Dm G7 C G7 Am
おやおやけんかに なりました こどもとこどもが
3
Am Em7 Am Em
けんかして くすりやさんが とめたけど

指あそび

①はじめにりょうてを

両手をはっぱのように
ひらいて左右にふる

②パンパンパン

拍手を3回する

③もひとつ

①の動作をする

④パン

拍手を1回する

⑤かわいいはっぱになりました

①の動作をする

⑥はっぱとはっぱが

①の動作をする

⑦にらめっこ

両手のひらを
向かい合わせる

⑧おやおやけんかになりました

10本の指をごちゃごちゃに
ぶつけ合わせてけんかをする

⑨こどもとこどもがけんかして

両手の小指どうし
7回打ち合わせる

⑩くすりやさんがとめたけど

両手の薬指どうし
7回打ち合わせる

⑪なかなかなかなかとまらない

両手の中指どうし
7回打ち合わせる

⑫ひとたちゃわらう

両手人さし指どうし
7回打ち合わせる

⑬ おやたちゃおこる

両手の親指どうし
7回打ち合わせる

⑭ プンプンプン

両手の親指を立てて、
上下に動かす

⑮ おこったおやゆびいえをでた

両手親指を左右に
はなしていく

⑯ ひとさしゆびが
   おっかける

両手の人さし指を出し
左右から寄せてくる

⑰ なかなかなかなか
   おいつかない

両手の中指を出し
左右から寄せてくる

⑱ くすりやさんの
   まがりかど

両手の薬指を出し
左右から寄せてくる

⑲ こどもがとうとう
   おいついた

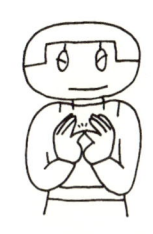

⑨の動作をする

⑳ けんかはおしまい
   なかなおり

両手をひらいて左右にふる

㉑ シャンシャンシャンシャン

拍手を4回する

㉒ なかなおり

両手の指を組み合わせて
アーメンのお祈りの形にする

これくらいのおべんとばこ

作詞・作曲不詳
伊藤嘉子　編曲

リズミカルに（軽くはずんで）

これくらいの　おべんとばこに　おにぎりおにぎり
ちょっとつめて　きざみしょうがに　ごましおふって
にんじんさん　さくらんぼさん　しいたけさん　ごぼうさん
あなのあいた　れんこんさん　すじのとおった　ふき
デザートは　いちご　バナナ　めしあがれ

指あそび

① これくらいのおべんとばこに 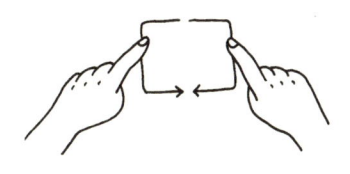
両手の人さし指を出し四角を描く

② おにぎり おにぎり 
両手を少しまるめて、おにぎりを作る動作をする

③ ちょっとつめて 
両手を少しまるめて、両手首を3回ふる

④ きざみしょうがに

⑤ ごましお

⑥ ふって

⑦ にんじんさん

⑧ さくらんぼさん

⑨ しいたけさん
右手(左手)の人さし指、中指、薬指、小指4本を出し、左手(右手)の人さし指、中指、薬指の3本を出す 

⑩ ごぼうさん 
右手(左手)の5本指を出し、左手(右手)の人さし指、中指、薬指の3本を出す

⑪ あなのあいた れんこんさん 
両手の親指と人さし指で輪を作り、目の前でクルクルまわす

⑫ すじのとおった 
左うで(右うで)の上右手(左手)でこする

⑬ ふき 
左(右)手のひらの上にフッーと息をふきかける

⑭ デザートは 
拍手を9回する

⑮ いちご

⑯ バナナ

⑰ めしあがれ
両手のひらを上に向けすすめる動作をする

グーチョキパーでなにつくろう

作詞者不詳
フランス民謡

1.2.3. グー チョキ パー で　グー チョキ パー で　なに つく ろう　なに つく ろう

1. みぎてが パー で　ひだりても パー で　おはな　おはな
2. みぎてが チョキ で　ひだりても チョキ で　かにさん　かにさん
3. みぎてが チョキ で　ひだりてが グー で　かたつむり　かたつむり

遊び方

1番～3番

① グー
④ グー

② チョキ
⑤ チョキ

③ パーで
⑥ パーで

⑦ なにつくろうなにつくろう

1番 ⑧ みぎてがパーで
2番 ⑧ みぎてがチョキで
3番 ⑧ みぎてがチョキで

⑨ ひだりてもパーで
⑨ ひだりてもチョキで
⑨ ひだりてがグーで

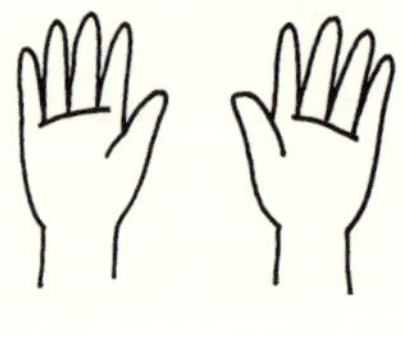

1番 ⑩ おはなおはな

2番 ⑩ かにさんかにさん

3番 ⑩ かたつむりかたつむり

★いろいろな指を出して表現してみましょう。

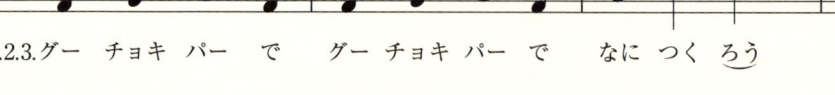

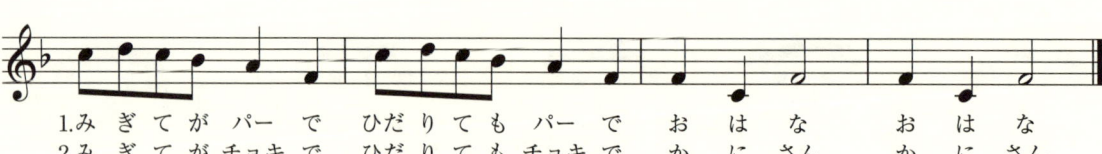

あおむしでたよ

作詞・作曲 不詳

キャベツ の なか か ら あおむし で た
よ ピッ ピッ
1. とう さん あおむし し
2. かあ さん あおむし し
3. にい さん あおむし し
4. ねえ さん あおむし し
5. あか ちゃん あおむし し
6. ちょう ちょに な りま し た

手あそび

1番

①キャベツのなかからあおむしでたよ

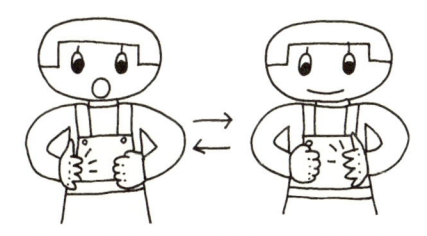

片方の手をグー、もう片方の手をパー
という動作を交互にする

②ピッピ

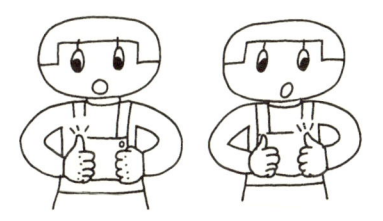

親指を片方ずつ順番に出す

③とうさんあおむし

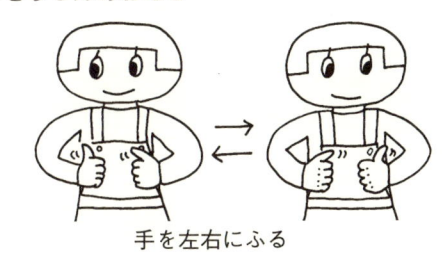

手を左右にふる

2番〜5番
○「キャベツのなかからあおむしでたよ」は1番の①と同じ動作をする。
○「ピッピ」のところは、2番は人差し指、3番は中指、4番は薬指、5番は小指を出す。
○ 2番の「かあさんあおむし」3番の「にいさんあおむし」…のところは1番の③と同じ動作をする。

6番
①「キャベツのなかから…」は1番の①と同じ動きをする。
②「ピッピ」で手をパーにして出す。

③ちょうちょになりました

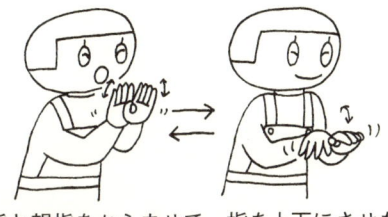

親指と親指をからませて、指を上下にさせながら左右に動かす

グーチョキあそびうた

阿部直美 作詞・作曲

(楽譜)

1.2. グー　グー　チョキ　チョキ　パッ　パッ　パー

グー　チョキ　パー　チョキ　グー　チョキ　パー
パー　チョキ　グー　チョキ　パー　チョキ　グー

①グーグー

右手（左手または両手）
でげんこつ（グー）を
出し、
上下に2回ふる

②チョキチョキ

右手（左手または両手）
の人さし指と中指（チョキ）を出し、
上下に2回ふる

③パッパッパー

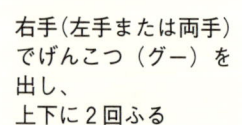

右手（左手または両手）
の5本指をひらいて
（パー）出し、
上下に3回ふる

④グー、チョキ、パー、チョキ、
　グー、チョキ、パー

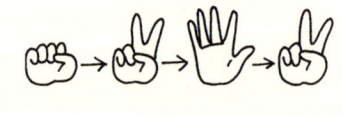

歌詞に合わせて、
順に指の形を出す

★2番も歌詞に合わせてじゃんけんあそび
　をしてみましょう。
★なれてきたら④をいろいろ順序をかえて
　みるのも面白いでしょう。

まほうのつえ

まどみちお 作詞
渡辺　茂 作曲
伊藤 嘉子 編曲

1.2.ま ほ う の　つ え で す よ　ご に ん の　こ び と さ ん

せ が ち ぢ め / せ が の び ろ　　ち ぢ め　ち ぢ め / の び ろ　の び ろ　　ち ち ん ぷ ＿＿ い

1番

①まほうのつえですよ

右手の人さし指を出して、上下に4回動かす

②ごにんのこびとさん

左手をひらいて、手首を左右に4回ふる

③せがちぢめ……ちぢめ！

右手の人さし指で、こびとの代わりの、左手の指にじゅもんをかける。左手の指をすこしずつ握っていく

④ちちん

右手の人さし指をぐるぐるまわす

⑤ぷい

左手をにぎる

2番

①まほうのつえですよ

1番①の動作をする

②ごにんのこびとさん

左手をげんこつにして、手首を左右に4回ふる

③せがのびろ……のびろ！

右手の人さし指で、左手のげんこつにじゅもんをかける。左手を少しずつひらいていく

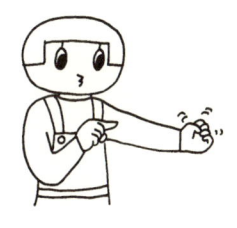

④ちちん

1番④の動作をする

⑤ぷい

左手をひらく

手あそび

おゆびをだそう

伊藤嘉子　作詞
木全洋一　作曲

1. いっぽんゆび だそう いっぽんゆび だそう
2. にほんゆび だそう にほんゆび だそう
3. ごほんゆび だそう ごほんゆび だそう

かたつむりさん きたよ そのそのその あるいてね
かにさんは たたよ ぶくぶくぶく よこあるき
みんなが はねる ぴょんぴょんぴょん たのしいね

どーこへ いくのかな のそ　のそ　のそ〜〜〜
　　　　　　　　　　 チョキン チョキン チョキ〜〜ン
　　　　　　　　　　 ぴょん　ぴょん　ぴょ〜〜ん

■1番

①いっぽんゆびだそう

右手の人さし指を出す

②いっぽんゆびだそう

①の動作のまま、左手の人さし指を出す

③かたつむりさんきたよ

両手の人さし指を出したまま、耳の上にあげ、かたつむりのつのを出す

④のそのそのそ

③の動作のまま歩く

⑤あるいてね

③の動作のまま歩く

⑥どこへいくのかな

③の動作のまま歩く

⑦のそのそ

③と同じ動作をし、止まって、身体を左右に動かす

⑧のそ〜〜〜

自由に、面白いポーズを作る

手あそび

★2番は親指と人さし指を出しカニさんの動作を、3番は5本の指を出し、うさぎさんの動作で歌詞に合わせてやってみましょう。

でんでんむしどこだ

作詞・作曲　不詳
伊藤　嘉子　編曲

歌詞

1. でん　でん　む　し　でん　でん　む　し　でん　でん　む　し　ど　こ　だ　ルルルルン　ルンルン　はっぱの　うえかな　よよ　ニョキ
2. はっぱ　はっぱ　はっぱ　はっぱ　はっぱ　はっぱ　ん　どどどど　こここだ　ルルルルン　ルンルン　っぱの　だけの　よよ　パー
3. カメ　カメ　カメ　カメ　カメさん　どどどど　こここだ　ルルルルン　ルンルン　こおの　えいの　かげ　グー

1番

① でんでんむし　でんでんむし
　でんでんむしどこだ

両手のひらをひらき、リズムに
合わせて、左右にふる

② ルルル　ルン　ルルン
　ルルン

①の動作をくりかえす

③ はっぱの

左手（右手）をひらいて
上に向ける

④うえよ

左(右)手のひらの上に右手(左手)
をげんこつにしてのせる

⑤ニョキ

上にのせたげんこつから、
人さし指と中指(チョキ)を出す

2番 ①はっぱ　はっぱ　はっぱ
　　　はっぱ　はっぱ　はっぱどこだ
　　　ルルル　ルン　ルルン　ルルン

1番①の動作をくりかえす

②こえだの

右手(左手)のひじから
上にまげる

③かげよ

右(左)ひじの下に、左(右)手を
げんこつにしてあてる

④パー

ひじの下へもっていったげんこつを
パッとひらく

3番 ①カメカメカメカメ………
　　　ルルル　ルン　ルルン　ルルン

1番①の動作をくりかえす

②おいけのなかよ

両手で円を作る

③グー

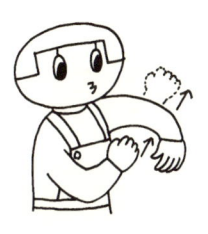

左手は半円にしておき、右手をげん
こつにして左腕の中から出す

チョキチョキダンス

作詞・作曲 不詳
イギリス民謡

リズムにのって愉快に

1.ラララ
みぎて ラララ
ひだりて ラララ
りょうて ラララ

みぎて ラララ　みぎて を　くるりんぱ
ひだりて ラララ　ひだりて を　くるりんぱ
りょうて ラララ　りょうて を　くるりんぱ

チョキチョキダンスを みんなでおどろう

パンパンパンパン　パン　スマイル 2.ラララ
　　　　　　　　　　　シュワッチ 3.ラララ

Coda
パン ポーズ

○「ねこふんじゃった」の前半8小節を弾くと伴奏になります。

1番

① ラララ　みぎて
　 ラララ　みぎて
　 ラララ　みぎてを

右手をひらき、手のひらを歌詞に合わせて左右にふる

② くるりんぱ

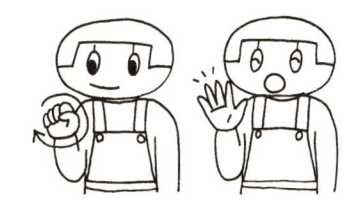

右手をげんこつにし、手首をまわして円を描き、「ぱ」のところで、手をパッとひらく

③ チョキチョキダンスを
　 みんなでおどろう

右手人さし指と中指（チョキ）を出し左右にふる

④ パパンパ　パンパンパン

胸の前で、リズムに合わせて「パ」のところで拍手する

⑤ スマイル

両手の人さし指で、両ほほをさし、笑顔を作る

2番

① ラララ　ひだりて
　 ………パパンパ　パンパンパン

1番①〜④と同じ動作を左手でする

② シュワッチ

右手（左手）の指をそろえてのばし、右手（左手）をひじから上にあげ、左手（右手）のひらを上にあげたひじのところへあてる

3番

① ラララ　りょうて
　 ……パパンパ　パンパンパン

1番①〜④と同じ動作を両手でする

② ポーズ

すきなポーズをする

手あそび

やきいもグーチーパー

阪田寛夫　作詞
山本直純　作曲

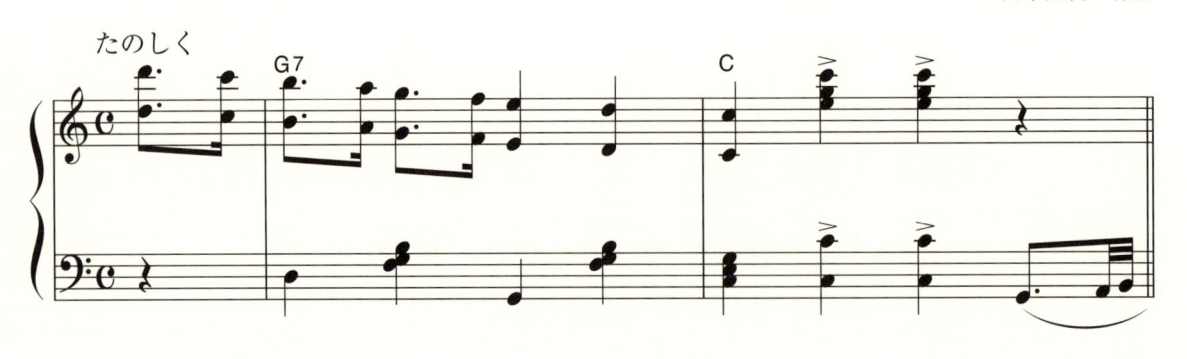

手あそび

①やきいもやきいも　おなかが 
拍手を6回する

②グー 
両手でげんこつを作りおなかをおさえる

③ほかほかほかほか 
両手首を上にあげ、左右交互に、上下にふわふわとゆげが出ているようすを作る

④あちちの 
両手をひらいて左右にふる

⑤チー 
腰の横でチョキを出す。(指先を下にむける)

⑥たべたらなくなる　なんにも 
両手を交互に口へもっていき、食べるまねをする

⑦パー 
顔の横で両手をひろげる

⑧それ　やきいもジャンケン 
拍手を5回する

⑨グーチーパー
②⑤⑦の動作をする

★「グー」「チョキ」「パー」でも出し方を工夫すると面白いですね。

トンパンドン

おうちやすゆき 作詞
越部 信義 作曲
伊藤 嘉子 編曲

1. ひとさしゆびで たたこう トントカトントカ トントントン
2. てのひらで たたこう パンパカパンパカ パンパンパン
3. げんこつで たたこう ドンドコドンドコ ドンドンドン

やさしく トントントン かわいく トントントン
ゆかいに パンパンパン げんきに パンパンパン
ちからいっぱい ドンドンドン おなかがびっくり ドンドンドン

トントカトントカ トントカトン トントカトントン トントン
パンパカパンパカ パンパカパン パンパカパンパン パンパン
ドンドコドンドコ ドンドコドン ドンドコドンドン ドンドン

1番

①ひとさしゆびで たたこう

右手の人さし指を出し、歌に合わせて左右にふる

②トントカトントカ トントントン

右手の人さし指で、左手のひらを7回打つ

③やさしく

①の動作をする

④トントントン

②の動作で3回打つ

⑤かわいく

①の動作をする

⑥トントントン

④の動作をする

⑦トントカトントカ………トン

②の動作で「ト」のところを打つ

2番

①てのひらでたたこう

両手をひらいて左右にふる

②パンパカパンパカ パンパンパン

「パ」のところを7回拍手する

③ゆかいに

2番①の動作をする

④パンパンパン

拍手を3回する

手あそび

⑤げんきに　　　　　　⑥パンパンパン　　　　　⑦パンパカ…………

2番①の動作をする　　　2番④の動作をする　　　「パ」のところで
　　　　　　　　　　　　　　　　　　　　　　　拍手をする

3番

①げんこつでたたこう　　②ドンドコドンドコ　　　③ちからいっぱい　　　④ドンドンドン
　　　　　　　　　　　　　ドンドンドン

右手をげんこつにし　　　右手のげんこつで、　　　3番①の動作をする　　3番②の動作で
て出し、左右にふる　　　左手のひらを7回打つ　　　　　　　　　　　　3回打つ

⑤おなかがびっくり　　　⑥ドンドンドン　　　　　⑦ドンドコ…………

3番①の動作をする　　　3番④の動作をする　　　3番②の動作で
　　　　　　　　　　　　　　　　　　　　　　　「ド」のところを打つ

★1番はカスタネット、2番はタンブリン、3番は太鼓やすずなどで「楽器あそび」の導入に使用すると楽しいでしょう。

なにかな

伊藤嘉子 作詞・作曲

手あそび

1. グー グー グー なにかな かたつむりさんの
2. チョキ チョキ チョキ なにかな かにーさんの
3. パッ パッ パッ なにかな かえるさんの

つーの だよ このまま あるこう どこまでも
はさみ だよ こーこに ある こう どこまでも
おてて だよ このまま はね よう どこまでも

のそ のそ のそ のそ のそ のそ じゃんけんしようよ
チョキ チョキ チョキ チョキ チョキ チョキ
ピョン ピョン ピョン ピョン ピョン ピョン

グー グー グー グー チョキ チョキ チョキ チョキ パッ パッ パッ パッ

グー チョキ パッ もいちどいっしょに グー チョキ パッ グー チョキ パッ

1番

①グーグーグー　②なにかな　③かたつむりの
つのだよ　④このままあるこう
どこまでも……のそ

右手でグーを出して、
3回上下にふる

左手もグーを出して、
3回上下にふる

両手のグーを頭にもって
いき、頭といっしょに
左右にふる

③の動作で
ゆっくり歩く

2番

①チョキチョキチョキ　②なにかな　③かにさんの
はさみだよ　④よこにあるこう
どこまでも…チョキ

右手でチョキを出して
3回上下にふる

左手もチョキを出して
3回上下にふる

両手のチョキを顔
の横へもっていき、
両手を左右にふる

2番③の動作で、
カニの横あるきを
する

3番

①パッパッパッ　②なにかな　③かえるさんの
おててだよ　④このままはねよう
…………ピョン

右手でパーを出して、
3回上下にふる

左手のパーを出して、
3回上下にふる

両手のパーを顔の
横へもっていき、
手首を上下に動かす

3番③の動作で、
かえるがはねるように、
ピョンピョン飛ぶ

⑤じゃんけんしようよ

拍手を4回する

⑥グーグーグーグー

両手でグーを出して、
4回上下にふる

⑦チョキチョキチョキチョキ

両手でチョキを出して、
4回上下にふる

⑧パッパッパッパッ

両手でパーを出して、
4回上下にふる

⑨グーチョキパッ

両手でグーチョキパーと順に出す

⑩もいちどいっしょに

拍手を4回する

⑪グーチョキパッ　グーチョキパッ

⑨の動作を2回くりかえす

手あそび

おおきなくりのきのしたで

作詞 不詳
寺島尚彦 補作
イギリス民謡

おお きなくりの きのしたで あ なーたと わ たし
な か よく あそびましょ おお きなくりの きのしたで

①おおきなくりの
両手で頭の上で円を作る 

②きの 
両手を頭にあてる

③した 
両手を両肩にあてる

④で

両手をおなかにあてる

⑤あなたと

右手の人さし指を出し、腕をのばして2回軽くさす

⑥わたし

右手の人さし指で自分を2回さす

⑦なか

右手(左手)を左肩(右肩)へもっていく

⑧よく

⑦の動作のままで、左手(右手)を右肩(左肩)へもっていき、胸の前で両手を交差させる

⑨あそびましょ

両手を胸で交差させたまま身体を左右に動かす

身体・表現あそび

⑩おおきなくりのきのしたで

①②③④の動作をする

★いろいろな言葉を作って、かえ歌にし、歌詞に合わせて動作を大きくしたり、小さくしたりして楽しんでみましょう。

小さな庭

作詞・作曲 不詳

1. ちいさなにわを よくたがやして
2. ちゅうくらいのにわをを よくたがやして
3. おおきなにわを よくたがやして

ちいさなたねを まきました ぐんぐんのびて
ちゅうくらいのたねを まきました ぐんぐんのびて
おおきなたねを まきました ぐんぐんのびて

はるになーって ちいさなはなが さきました ポッ!
ちゅうくらいのはなが さきました ホワ!
おおきなはなが さきました ワッ!

1番

① **ちいさなにわを** 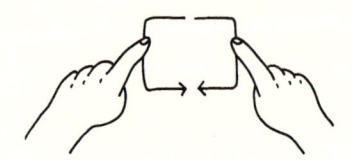
両手の人さし指で、
小さな四角を描く

② **よくたがやして** 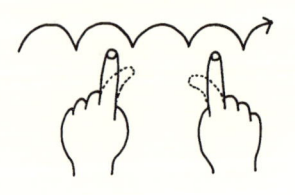
両手の人さし指を曲げたりの
ばしたりしながら左(右)から
右(左)へ波形を描いていく

③ **ちいさなたねを** 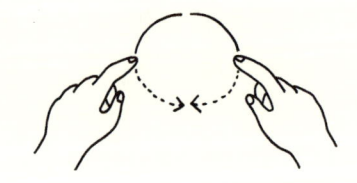
両手の人さし指で、
小さな円を描く

④まきました

左手のひらから右手で
たねをつまんで2回、
まく動作をする

⑤ぐんぐんのびて

両手のひらを合わせ、左右
に細かくふりながら、下か
ら上へのばしていく

⑥はるになって

両手を頭のところから
左右にひらひらさせな
がら下へおろす

⑦ちいさなはながさきました

両手首をくっつけて、
小さなつぼみを作る

⑧ポッ！

両手首をくっつけたまま、
指の先を少しあける

身体・表現あそび

★2番、3番ともに1番と同じ動作をしますが、動作はだんだん大きくしていきましょう。
★2番の最後の「ホワ」では、両手首をくっつけて大きく指を開きます。
★3番の最後の「ワッ」では、両手を上に高く上げて、指も開きます。

「ホワ」

「ワッ」

サラスポンダ

オランダ民謡

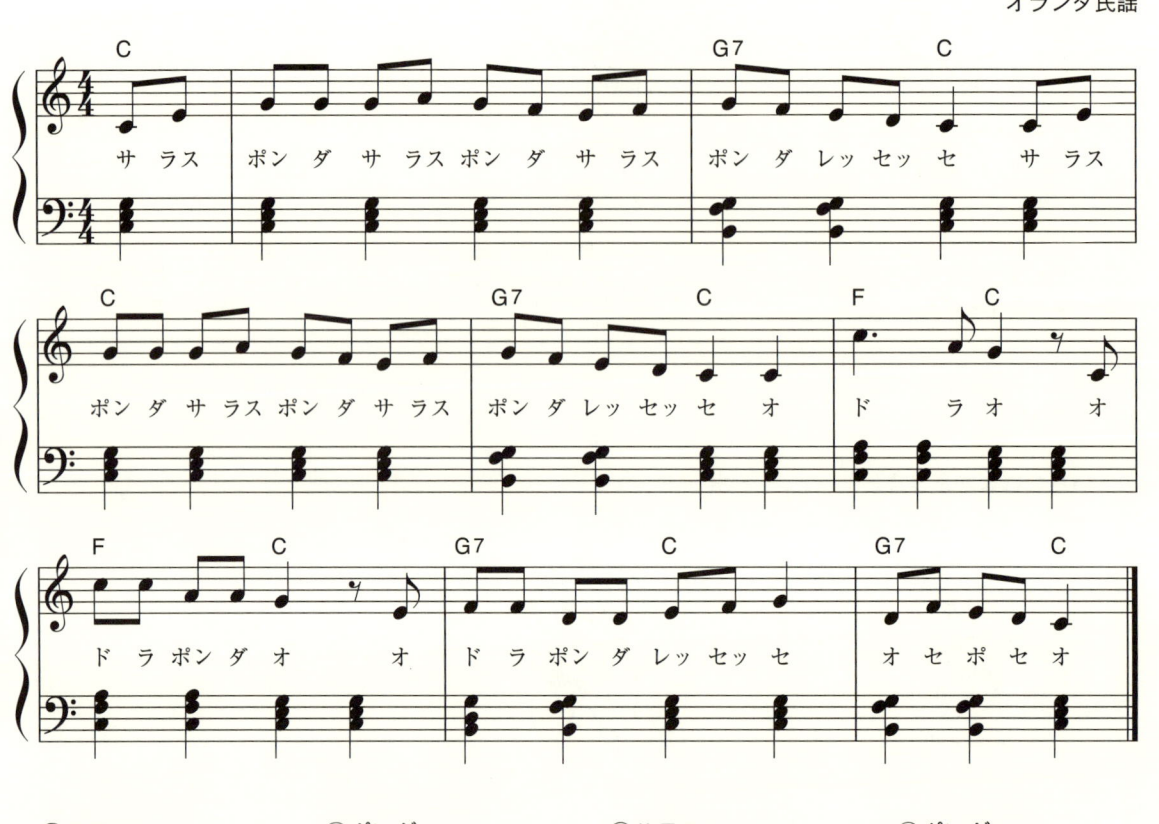

歌詞:
サラス ポンダ サラス ポンダ サラス ポンダ レッセッセ サラス
ポンダ サラス ポンダ サラス ポンダ レッセッセ オ ド ラ オ オ
ド ラ ポンダ オ オ ド ラ ポンダ レッセッセ オ セ ポ セ オ

①サラス  — 拍手を1回する
イ ポンダ — 両手を頭におく
②サラス — 拍手を1回する
ロ ポンダ — 両手をほほにおく
③サラス — 拍手を1回する
ハ ポンダ — 両手を肩におく
④レッ — 拍手を1回する
ニ セッセ — 両手でひざを2回たたく

⑤サラスポンダサラス……

①イ～④ニを2回くりかえす

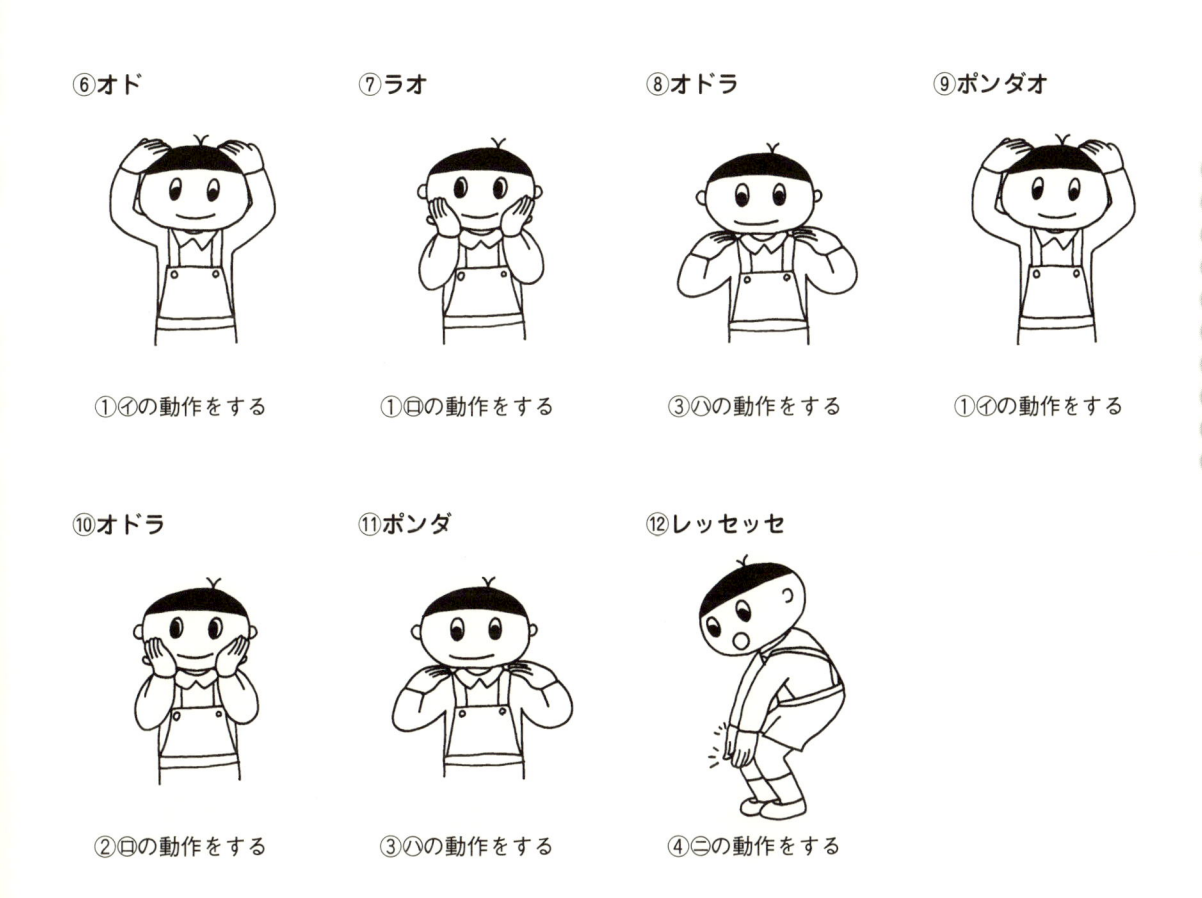

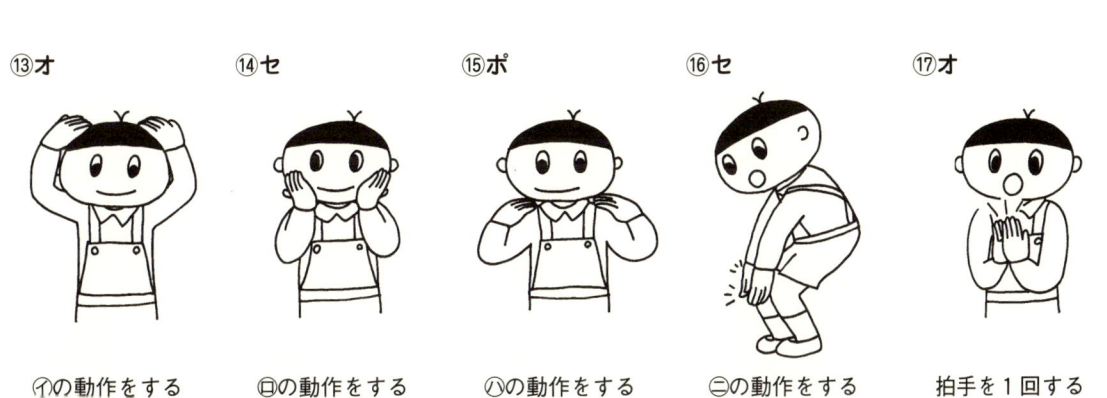

⑥オド ⑦ラオ ⑧オドラ ⑨ポンダオ

①イの動作をする　①ロの動作をする　③ハの動作をする　①イの動作をする

⑩オドラ ⑪ポンダ ⑫レッセッセ

②ロの動作をする　③ハの動作をする　④ニの動作をする

⑬オ　⑭セ　⑮ポ　⑯セ　⑰オ

イの動作をする　ロの動作をする　ハの動作をする　ニの動作をする　拍手を1回する

身体・表現あそび

だれかな

伊藤嘉子 作詞／作曲

1. だれかだれか ないてるよ だれかな そのこえは
2. だれかだれか うたってるよ だれかな そのこえは

ケロケロケロケロ ケロケロ あっ かえるさんだ ケロ
ポコポコポコポコ ポンポコポン あっ たぬきさんだ ポコ

1番

① **だれかだれか**
拍手を2回する

② **ないてるよ**
両手を目のところへもっていき、なくまねをする

③ **だれかな**
拍手を2回する

④ **その**
右手をひらいて、右の耳へもっていく

⑤ **こえは**
左手をひらいて、左の耳へもっていく

⑥ **ケロケロ…………**
両手をひらいて、顔の横で、手首を上下に動かす

⑦あっ　　　　　　　　⑧かえるさんだ　　　　　⑨ケロ

拍手を1回する　　　　　⑥の動作をする　　　　　かえるのポーズをする

2番

①だれかだれか　　　　　②うたってる　　　　　　③よ

拍手を2回する　　　　　右手をひらいて、口の　　左手をひらいて、口の
　　　　　　　　　　　　右側へもっていく　　　　左側へもっていく

④だれかな　　　　　　　⑤そのこえは　　　　　　⑥ポコポコ…………

拍手を2回する　　　　　1番④⑤の動作をする　　たぬきのはらづつみの
　　　　　　　　　　　　　　　　　　　　　　　　動作をする

⑦あっ　　　　　　　　⑧たぬきさんだ　　　　　⑨ポコ

拍手を1回する　　　　　2番⑥の動作をする　　　たぬきのポーズをする

身体・表現あそび

63

ごんべさんのあかちゃん

作詞　不詳
アメリカ民謡

① ごんべさんの

両手で頭の上から、顔のまわりへ円を描き、あごの下で両手を左右に小さくふる（手ぬぐいでほおかむりをし、首のところで結ぶ動作）

② あかちゃんが

左右の腕を斜め上下にし、赤ちゃんをだっこする動作をする

③ かぜひいた

両手を鼻と口へもっていく

④ クシャン

大げさにクシャミをする動作をする

⑤ ごんべさんのあかちゃんがかぜひいたクシャン

①②③④の動作をする

⑥ ごんべさんのあかちゃんがかぜひいたクシャン

①②③④の動作をする

⑦ そこであわてて

拍手を4回する

⑧ しっぷし

右手（左手）を左胸（右胸）にあてる

⑨ た

⑧の動作のままで、左手（右手）を右胸（左胸）にあてて腕を交差させる

身体・表現あそび

木登りコアラ

多志賀 明 作詞・作曲

1. のぼるよ のぼるよ コアラー ユーカリのきを ー ゴー ゴー ゴー
2. おりるよ おりるよ コアラー ユーカリのきを ー ゴー ゴー ゴー

のぼるよ のぼるよ コアラー おひさまこんにちは ハー ロー
おりるよ おりるよ コアラー おやすみなさい バイバイ

1番

①のぼるよ のぼるよ コアラ
　ユーカリの木を

両手を交互に入れ替えながら、
おへそのあたりから頭の上まであげていく

②ゴー ゴー ゴー

"GO"のかけ声に合わせて
腕を3回大きくふる

③のぼるよ のぼるよ コアラ

①の動作をくりかえす

④おひさまこんにちは ハロー

天をさすようにかざす

"Hello"に合わせて
手首をクルンとねじる

◓2番

①おりるよ　おりるよ　コアラ
　ユーカリの木を

頭の上からおへそのあたりまでおろしていく

②ゴー　ゴー　ゴー

1番と同じ動作

③おりるよ　おりるよ　コアラ

2番①の動作をくりかえす

④おやすみなさい　バイバイ

"Bye bye" で首をかしげる

★軽快なテンポでリズミカルに、「Go Go Go」のところは子どもたちと思いっきり元気に！
★コアラが木によじ登る姿をグーで表現します。高い木に登っていくとき降りるとき、全身を屈伸してやってみるとおもしろいです。

身体・表現あそび

コロコロたまご

不詳

1. コロコロ た ま ご は お り こ う さん
2. ピヨピヨ ひ よ こ は お り こ う さん
3. コロコロ ピ ヨ ピ ヨ コ ケ コッ コー

コロコロ して たら ひよこに なっちゃっ た
ピヨピヨ して たら コケコに なっちゃっ た
コケコが ない た ら よーが あけ た コケコッコー

1番

①コロコロたまごは

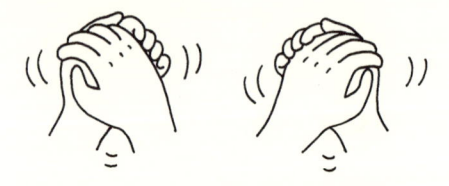

両手のひらを少しまるくして、おにぎりを
作るように左手と右手を上下に動かす

②おりこうさん

左手をげんこつにして右手のひらで、
左手のげんこつをなでる

③コロコロしてたら

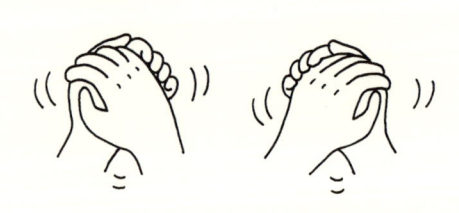

①の動作をする

④ひよこになっちゃった

両腕を身体のうしろでバタバタさせる

2番

①ピヨピヨひよこは 
1番④の動作をする

②おりこうさん 
隣の人の頭をなでる

③ピヨピヨしてたら 
1番④の動作をする

④コケコに なっちゃった 
左手で右ひじを支え、右手を立てて、手首をにわとりの首のように動かす

3番

①コロコロ 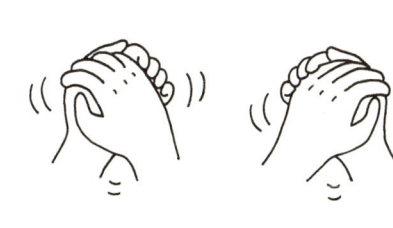
1番①の動作をする

②ピヨピヨ 
2番①の動作をする

③コケコッコー 
2番④の動作をする

④コケコがないたら 
2番④の動作で、右手の指をくちばしのようにひらいたり、とじたりする

⑤よがあけた 
両手を上にバンザイをして、キラキラさせながら下へおろしていく

★3番の最後に「コケコッコー」と両手を口にあててないてみましょう。

身体・表現あそび

ゆらゆらタンタン

作詞・作曲　不詳

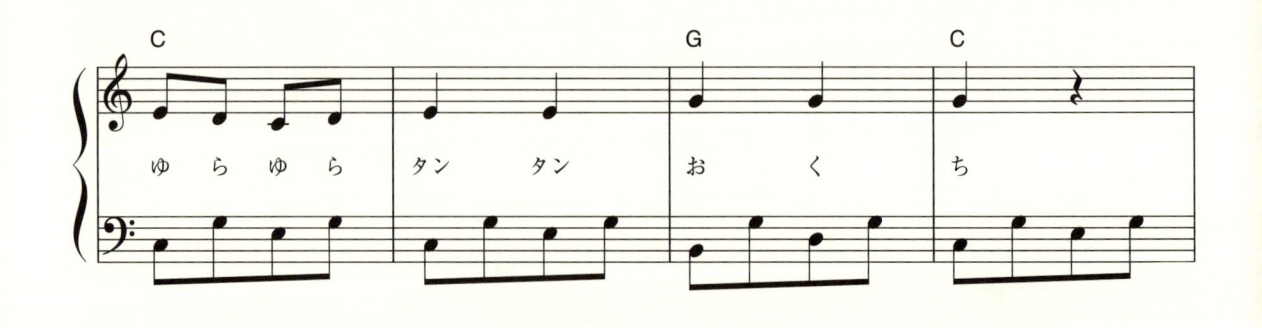

ゆらゆら　タン　タン　おめめ
ゆらゆら　タン　タン　おはな
ゆらゆら　タン　タン　おくち
プーッ　と　ほっぺに　おみみ

①ゆらゆら　　　　　②タンタン　　　　　③おめめ

両手を前に出して、上下にふる　　拍手を2回する　　両手の人さし指で目をさす

④ゆらゆら　　　　　⑤タンタン　　　　　⑥おはな

①の動作をする　　　②の動作をする　　　両手の人さし指で鼻をさす

⑦ゆらゆら　　　　　⑧タンタン　　　　　⑨おくち

①の動作をする　　　②の動作をする　　　両手の人さし指で口をさす

⑩プーッと　　　　　⑪ほっぺに　　　　　⑫おみみ

ほっぺたをふくらます　ふくれたほほを両手の　両手の人さし指で耳をさす
　　　　　　　　　　人さし指でさす

身体・表現あそび

★「ゆらゆら」のところは、身体を左右にゆり動かしたり、片足をあげてふったり、「タンタン」のところは、両足でジャンプや足踏みをしてみましょう。

やまごやいっけん

志摩 桂 作詞
アメリカ民謡

やまごやいっけん ありました まどからみている おじいさん

かわいいうさぎが ぴょんぴょんぴょん こちらへにげてきた

たすけて！たすけて！ おじいさん りょうしのてっぽう こわいんです

さあさあはやく おはいんなさい もうだいじょうぶだよ

①やまごやいっけんありました

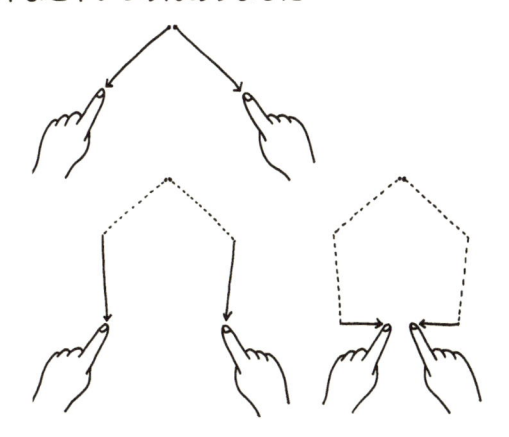

両手の人さし指を出し山小屋の形を描く

②まどからみている
　おじいさん

両手の親指と人さし指で輪を作り
目にあてて顔を左右に動かす

③かわいいうさぎが

右手の人さし指と中指
を立てる

④ぴょんぴょんぴょん

右手の人さし指と中指を3回
曲げたりのばしたりする

⑤こちらへにげてきた

④の動作で右から左へ
移動させる

⑥たすけて！たすけて！　おじいさん

両手をひらいてバンザイをする

⑦りょうしのてっぽう　こわいんです

左手のひらを右ひじにあて、右手の人さし指
と中指を出して、鉄砲をうつまねを4回する

⑧さあさあはやく　おはいんなさい

左手(右手)で手まねきを4回する

⑨もうだいじょうぶだよ

右手の人さし指と中指を立て（うさぎの
耳の形）左手でやさしくなでる

身体・表現あそび

くるみの木のうた

佐倉　智子　作詞
おざわたつゆき　作曲

心をこめて ♩=104くらい

1. ちいさなちいさな　くるみのき　はるがきてなつがきて　あきがきて
3. おおきなおおきな　くるみのき

　ちいさなはっぱを　つけました　ちいさなはっぱを　つけました
　きのみがたくさん　なりました　きのみがたくさん　なりました

2. ずんずんのびてく　くるみのき　はるがきてなつがきて　あきがきて
4. みあげてごらんよ　くるみのき　はーっぱがよーんでる　てをふって

(4)
　リスのかぞくが　すみました　リスのかぞくが　すみました
　あかるいよいこに　なるように　みんながおおきく　なるように

D.C.

1番

①ちいさなちいさな 
ひざを曲げて、両手で両ひざこぞうを4回たたく

②くるみのき 
両手でおなかを4回たたく

③はるがきてなつがきて 
両手で両肩を4回たたく

④あきがきて 
両手で頭を4回たたく

⑤ちいさなはっぱをつけました　ちいさなはっぱをつけました 
両手のひらを外に向け胸の前でリズムに合わせて左右にふる

2番

①〜④ずんずんのびてく……あきがきて 
1番①〜④の動作をする

⑤リスのかぞくが　……すみました 
両手を頭の上にのせてリスの耳を作り、頭を左右に動かす

3番

①〜④おおきなおおきな……あきがきて 
1番①〜④の動作をする

⑤きのみがたくさん　……なりました 
両手の親指と人さし指でそれぞれ小さい輪を作り、他の指はのばして両手を左右にふる

★4番まで動作をしたい時は①〜④の動作をしてから、最後の（あかるいよいこになるように…………）ところで手拍子をしてもよいでしょう。

身体・表現あそび

きんぎょさんとめだかさん

作詞・作曲　不詳
伊藤　嘉子　編曲

きんぎょさんと めだかさんの ちがいはね
きんぎょさんは ふわふわ およいでね
めだかさんは ついつい およぐのよ
きんぎょさんと めだかさんが いっしょに およげば
ふわふわ ついつい ふわふわ ついつい

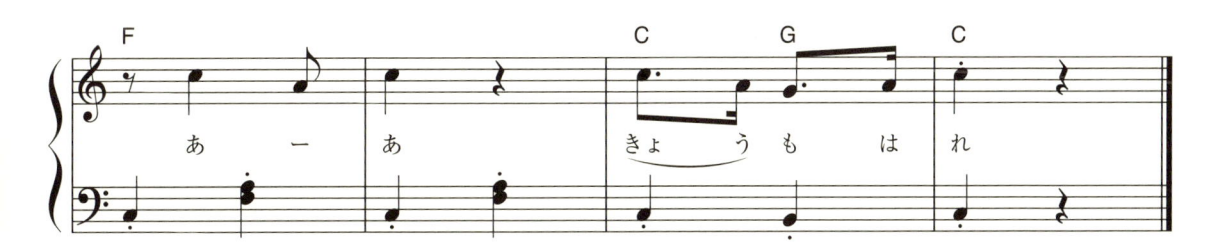

① きんぎょさんと
　めだかさんの
　ちがいはね

拍手を7回する

② きんぎょさんは

拍手を2回する

③ ふわふわおよいでね

両手をひろげて身体の横で上下にふわふわさせる

④ めだかさんは

拍手を2回する

⑤ ついついおよぐのよ

指をまっすぐのばして右手（左手）左手（右手）と片方ずつ前に出す動作をくりかえす

⑥ きんぎょさんと

③の動作をする

⑦ めだかさんが

⑤の動作をする

⑧ いっしょにおよげば

拍手を4回する

⑨ ふわふわ　ついつい
　ふわふわ　ついつい

③と⑤の動作を2回くりかえす

⑩ あーあ　きょうも

拍手を6回する

⑪ はれ

すきなポーズを作る

★きんぎょさんがふわふわとやわらかく動くのに対して、小さなめだかさんがコチコチになってスイスイおよぐ違いを表現しましょう。

身体・表現あそび

ポンチョンピン

吉岡　治　作詞
小林亜星　作曲
伊藤嘉子　編曲

はずんで ♩=141

1. いすのせなかを たたきましょ ポンポンポン ポンポンポン
2. かたをやさしく たたきましょ チョンチョンチョン チョンチョンチョン
3. ゆびをあわせて たたきましょ ピンピンピン ピンピンピン
4. ぜんぶつづけて たたきましょ ポンポンポ チョンチョンチョン

ポン　ポン　　ポン　ポン　ポン
チョン　チョン　チョン　チョン　チョン
ピン　ピン　　ピン　ピン　ピン
チョン　チョン

いいおとするでしょ

ポン　ポン　ポン　ポン　ポン　ポン　ポ　ポ　ポン　ポン
チョン　チョン　チョン　チョン　チョン　チョ　チョ　チョン　チョン
ピン　ピン　ピン　ピン　ピン　ピ　ピ　ピン　ピン
ポン　チョン　ピン　ポン　チョン　ポ　ポ　チョン　ピン

椅子に腰かけます

1番

① いすのせなかを
　たたきましょ

② ポンポンポン………
　　　……………

③ いいおとするでしょ

④ ポンポン…………

椅子に腰かけて、両手を後ろにまわす

「ポン」に合わせて、椅子の後ろをたたく

拍手を4回する

②の動作をする

2番

① かたをやさしく
　たたきましょ

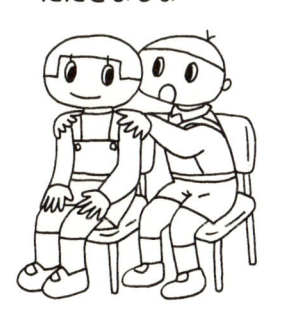

② チョンチョン………
　　　……………

③ いいおとするでしょ

④ チョンチョン……

両手を自分の肩、または両手を順に隣の人の肩にのせる

「チョン」に合わせて手首を動かして、肩をたたく

1番③の動作をする

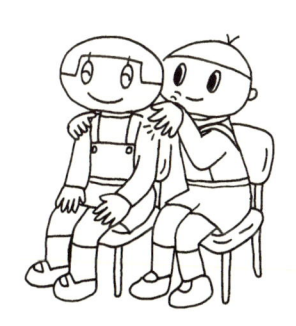

2番②の動作をする

3番

① ゆびをあわせて
　ならしましょ

② ピンピン……………
　　　…………

③ いいおとするでしょ

④ ピンピン……

親指と中指の腹を合わせて打ち合わせる（指ならしの形）

「ピン」に合わせて、指ならしのまねをする

1番③の動作をする

3番①の動作をする

★2番の「チョンチョン」では、自分の両肩を指先でたたくのもよいでしょう。
★3番のゆびならしは、幼児には無理ですが、まねはとても好きです。
★4番は、1番から3番までの動作を歌詞に合わせてやってみましょう。

身体・表現あそび

どんなおひげ

佐倉　智子 作詞
おざわたつゆき 作曲
伊藤　嘉子 編曲

1. こねこねこのの　おおひげは　こんなおひめか　げめお
2. きつねのねのの　おおひげは　こんなおひめか　げめお
3. ゴリラリラのの　おおひげは　こんなおひめか　げめお

サンタさんのの　おおひげは　こんなおひめか　げめお
パンダちゃんのの　おおひげは　こんなおひめか　げめお
あかちゃんのの　おおひげは　こんなおひめか　げめお

なまずのの　おおひげは　こんなおひめか　げめお
アッカンベーのの　おおひげは　こんなおひめか　げめお
ネズミのの　おおひげは　こんなおひめか　げめお

だいすきな　だいすきな

1番

① こねこのおひげは

② こんなおひげ

③ サンタさんのおひげは

拍手を4回する

両手の3本指を出して、指さきをほっぺの横につける

拍手を4回する

④ こんなおひげ

⑤ なまずのおひげは

⑥ こんなおひげ

両手をげんこつにして
あごの下へ右手、左手と重ねる

拍手を4回する

両手の人さし指を出し、
鼻の下で八の字を作る

⑦ だいすきなだいすきな
　パパのおひげは

⑧ パンパン

⑨ こんなおひげ

両手を胸で交差させ、
左右に頭を傾ける

拍手を2回する

両手をひらいて、指さきを
ほっぺの横につける
（自由に表現する）

★ 1番⑨、2番、3番⑥はすきなポーズをするのもいいでしょう。

2番

①きつねのおめめは
こんなおめめ

拍手を4回してから、両手の
人さし指で目尻をつりあげる

②パンダちゃんのおめめは
こんなおめめ

拍手を4回してから、両手で
八の字に目かくしをする

③アッカンベェのおめめは
こんなおめめ

拍手を4回してから、両手の
人さし指でアカンベーをする

④だいすきなだいすきな
ママのおめめは

両手を胸で交差させ、左右に頭を傾ける

⑤パンパン

拍手を2回する

⑥こんなおめめ

両手の親指と人さし指で
輪を作り、両目にあてる
（自由に表現する）

3番

①ゴリラのおかおは
こんなおかお

拍手を4回してから、片手で頭を、
もう一方の手であごをかく

②あかちゃんのおかおは
こんなおかお

拍手を4回してから、
片手の親指をしゃぶる

③ネズミのおかおは
こんなおかお

拍手を4回してから、上の前歯
を出して、下くちびるをかむ

④だいすきなだいすきな
せんせのおかおは

2番④と同じ動作をする

⑤パンパン

拍手を2回する

⑥こんなおかお

両手で顔をかくし、次に
両手をパッとひらく
（自由に表現する）

トントントンはいってますか

伊藤アキラ　作詞
越部　信義　作曲
伊藤　嘉子　編曲

1番

①トントントン 
右手のげんこつで
3回ノックする

②はいってますか 
右手をひらき顔の
前から右へずらす

③おなかにごちそう
　はいってますか 
両手でおなかを
6回たたく

④トントン 
右手のげんこつで
2回ノックする

⑤トントントン 
左手のげんこつで
3回ノックする

⑥はいってますか 
左手をひらいて顔の
前から左へずらす

⑦あたまにおはなし
　はいってますか 
両手で頭を軽く
6回たたく

⑧トントン 
左手のげんこつで
2回ノックする

⑨トントンとっても 
両手のげんこつで
4回ノックする

⑩すきなもの  
両手を胸で交差させる

⑪トントンとっても 
⑨の動作をする

⑫へんなもの 
片手で鼻をつまみ、
片手を左右にふる

⑬はいっているかな 
②の動作をする

⑭いないかな 
⑥の動作をする

⑮ トントントン　　　　　　　⑯ はいって　　　　　　　　　⑰ ますか

両手のげんこつで　　　　　　両手で顔をかくす　　　　　　両手を左右にひらいて
３回ノックする　　　　　　　　　　　　　　　　　　　　　顔を出す

2番

① トントントンはいってますか　② ポストにおてがみ　　　　③ はいってますか

１番①②の動作をする　　　　両手でポストの形を描き、左手の　右手でポストの中に
　　　　　　　　　　　　　　ひらへ右手で字を書くまねをする　入れるまねをする

④ トントン　　　⑤ トントントン　　　　　⑥ ポッケにあめだま　　　⑦ トントン
　　　　　　　　　　はいってますか　　　　　はいってますか

１番④の動作をする　１番⑤⑥の動作をする　両手で腰のあたりを、　１番⑧の動作を
　　　　　　　　　　　　　　　　　　　　　軽く６回たたく　　　　する

⑧ トントンとってもすきなもの……………………はいってますか

１番⑨⑩⑨⑫②⑥⑮⑯⑰の動作をする

★この歌あそびを使って、いろいろな箱の中を見たり、歌詞を替えて「トントントン、はいってますか」とやってみましょう。

身体・表現あそび

鬼のパンツ

作詞　不詳
L. Denza　作曲
伊藤嘉子　編曲

おどけて

おにのパンツは　いいパンツ　つよいぞ　つよいぞ　ト

ラ　のけがわで　できている　つよいぞ　つよいぞ　ご

ねん　はいても　やぶれない　つよいぞ　つよいぞ　じゅう

ねん　はいても　やぶれない　つよいぞ　つよいぞ

はこう　はこう　おにのパンツ　はこう　はこう　おにのパンツ　あなた

楽譜：
Cmaj7 Am Em Fmaj7 Em Em7 C Dm7 C G7 C
もあなたもあなた　もあなたも　みんなではこうおにのパンツ

①おにの
両手の親指と小指を立てて頭の両横で鬼のつのを出す 

②パン 
拍手を1回する

③ツは 
右手(左手)の人さし指と中指を出す(チョキの形)

④いい 
両手をげんこつにして1回ふる

⑤パン 
②の動作をする

⑥ツ 
③の動作をする

⑦つよいぞ　つよいぞ 
両手の親指と小指を立てて、力強く上下に動かす

⑧トラのけがわでできている 
両手の指をひらき、10本の指をそれぞれ自由に動かす

⑨つよいぞ　つよいぞ 
⑦の動作をする

⑩ごねんはいても 
片手で5本指を出す
「はいても」はパンツ(ズボン)を片足ずつはく表現をする

⑪やぶれない 
両手の親指と小指を立てる

⑫つよいぞ　つよいぞ 
⑦の動作をする

身体・表現あそび

87

⑬ じゅうねんはいても 
両手の10本指を出す

⑭ やぶれない 
⑪の動作をする

⑮ つよいぞ つよいぞ 
⑦の動作をする

⑯ はこう はこう 
腰をかがめて、パンツをはく動作をする

⑰ おにの 
①の動作をする

⑱ パン 
②の動作をする

⑲ ツ 
③の動作をする

⑳ はこう はこう おにの パンツ
⑯①②③の動作をする

㉑ あなたも あなたも あなたも あなたも 
両手の親指と小指を立てて、左右にふる

㉒ みんなではこう 
⑦の動作をする

㉓ おにの  
①の動作をする

㉔ パン  
②の動作をする

㉕ ツ
③の動作をする

★㉑の「あなたもあなたも」は相手をいろいろ指さすのもいいでしょう。
★㉒の「みんなではこう」の動作を拍手にしてもよいでしょう。

あらどこだ

神沢利子　作詞
越部信義　作曲

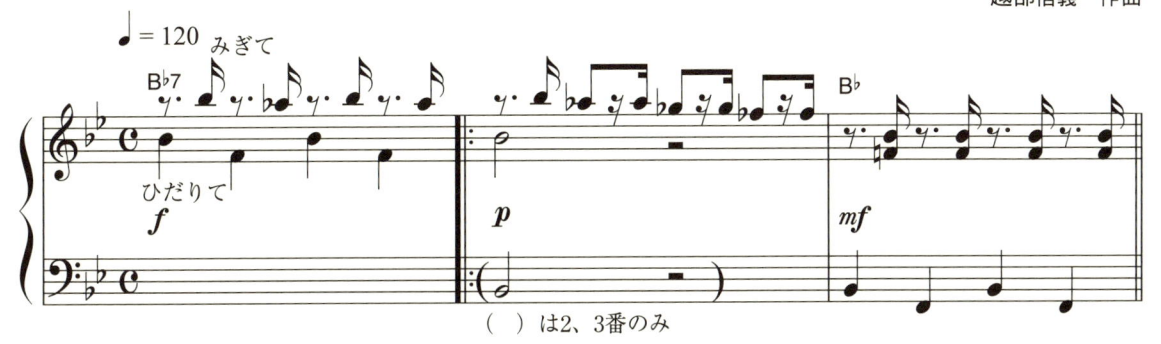

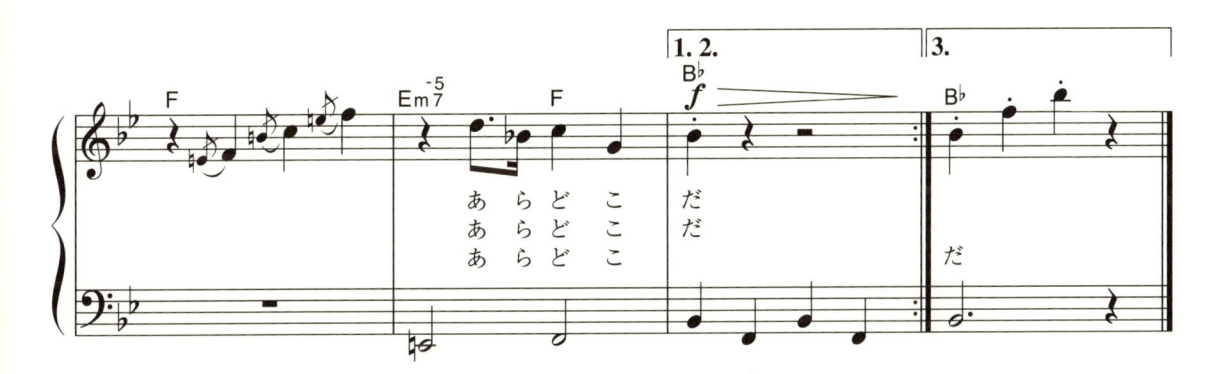

(楽譜)

1. ろばーのみみは　うえむいて　ぞうーのみみは　したむいて
2. なまずのひげは　したむいて　ねこーのひげは　よこむいて
3. うしーのつのは　あたま（ｯ）に　しかーのつのも　あたま（ｯ）に

わたしのみみは　かおのよこたえ　わにーのみみは
やぎーのひげは　あごのなうえ　ぶたーのひげは
さいーのつのは　はなのうえ　ライオンのつのは

あらどこだ
あららどこ
あ　ら　ど　こ

だ

身体・表現あそび

前奏　両手をげんこつにし、上下交互に打ち合わせる

1番

① ろばの　両手をげんこつにして前に出し2回上下にふる

② みみ　げんこつにした右手（左手）で左肩（右肩）を1回たたく

③ は　げんこつにした左手（右手）で右肩（左肩）を1回たたき、胸の前で腕を交差させる

④ うえむいて　両手を頭へもっていき耳を作る

⑤ ぞうのみみは　①②③の動作をする

⑥ したむいて　両手をひらいて頭の両横で手首を下にさげる

⑦ わたしのみみは　①②③の動作をする

⑧ かおのよこ　両手で自分の耳をつかむ

⑨ わにのみみは　①②③の動作をする

⑩ 休符　③の動作をして、頭を左右にかたむける

⑪ あらどこだ　両手の甲を外に向けて、顔をかくし、左右に手を開いていく（「イナイ、イナイ、バー」の動作）

⑫ 間奏　前奏の動作をする

90

2番

① なまずのひげは 
1番①②③の動作をする

② したむいて 
両手の人さし指を出し、鼻の下で八の字を作る

③ ねこのひげは 
1番①②③の動作をする

④ よこむいて 
両手をひらいて、指さきをほっぺの横につける

⑤ やぎのひげは 
1番①②③の動作をする

⑥ あごのした 
両手をげんこつにしてあごの下へ右手、左手と重ねる

⑦ ぶたのひげは 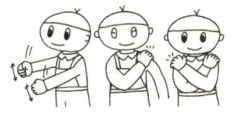
1番①②③の動作をする

⑧ 休符 
1番⑩の動作をする

⑨ あらどこだ 
1番⑪の動作をする

⑩ 間奏 
前奏の動作をする

3番

① うしのつのは 
1番①②③の動作をする

② あたまに 
両手の人さし指を出し、頭の上で立てる

③ しかのつのも 
1番①②③の動作をする

④ あたまに 
3番②の動作で両手を頭にのせ手の指をひらく

⑤ さいのつのは 
1番①②③の動作をする

⑥ はなのうえ 
両手をげんこつにして鼻の上で右手、左手と重ねる

⑦ ライオンのつのは 
1番①②③の動作をする

⑧ 休符 
1番⑩の動作をする

⑨ あらどこだ 
1番⑪の動作をする

身体・表現あそび

山ぞくのうた

田島　弘　作詞
小島祐喜　作曲
伊藤嘉子　編曲

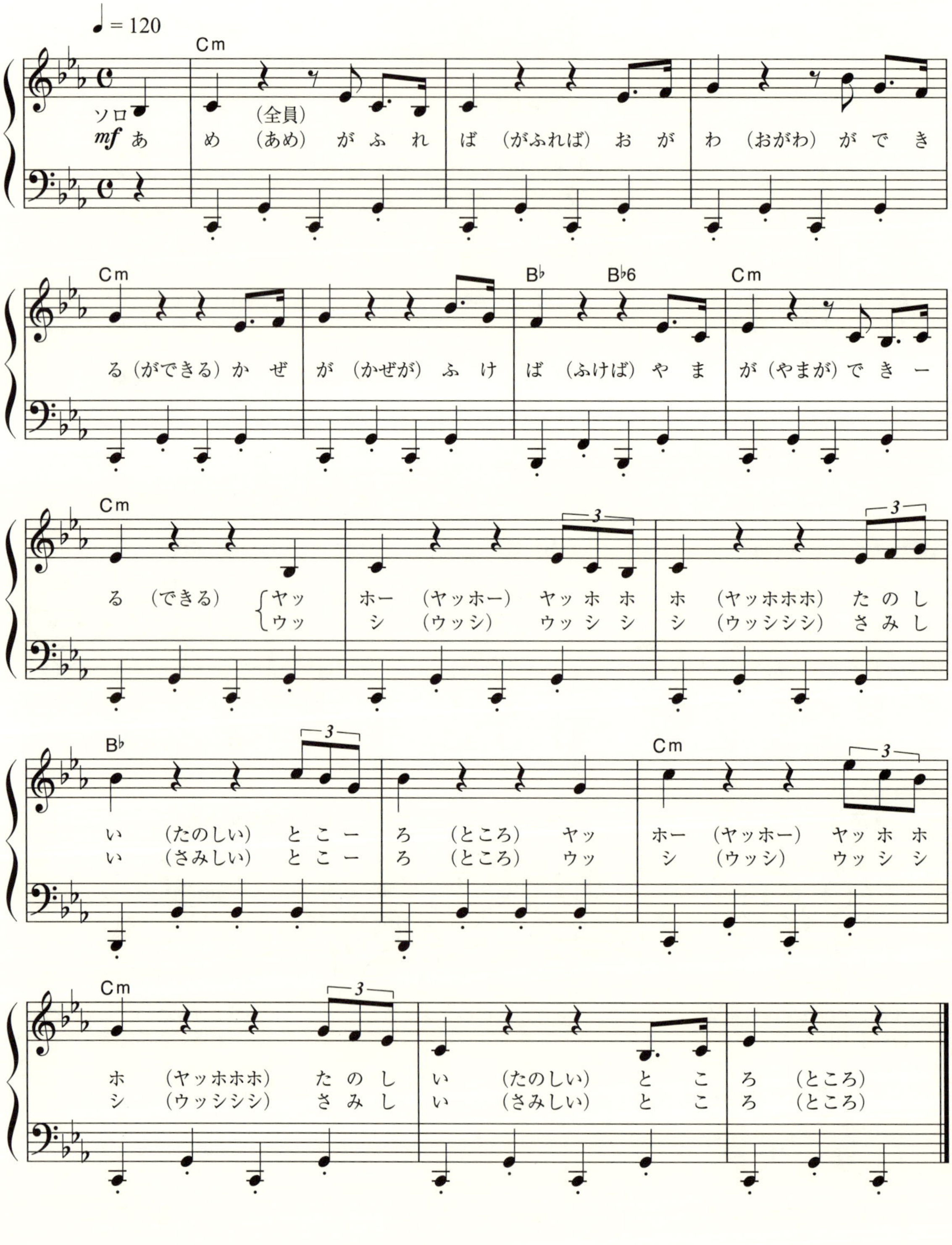

★保育者と子どもたちは、向かい合って立ち、掛け合いでうたいながら、歌に合わせて同じ動作をします。

1番

① あめ 
身体の前で両手のひらを下に向けて、上から下へ2回ふりおろす

② （あめ） 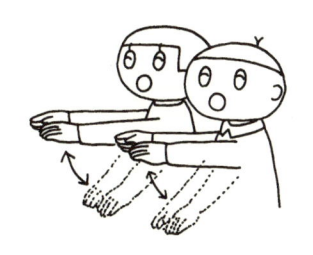
①と同じ動作をする

③ がふれば 
両手を腰にあてる（胸をはって、いばった姿勢をする）

④ （がふれば） 
③と同じ動作をする

⑤ おがわ 
両手を前で左から右へ（右から左へ）波形にふる

⑥ （おがわ） 
⑤と同じ動作をする

⑦ ができる 
③の動作をする

⑧ （ができる） 
④の動作をする

⑨ かぜが 
両手を高くあげ左右にふる

⑩ （かぜが） 
⑨と同じ動作をする

⑪ ふけば 
③の動作をする

⑫ （ふけば） 
④の動作をする

身体・表現あそび

⑬ やまが

両手で三角形を作り、山形にする

⑭ （やまが）

⑬と同じ動作をする

⑮ できる

③の動作をする

⑯ （できる）

④の動作をする

⑰ ヤッホー

左手（右手）を口もとへあて、山びこをする時のまねをする

⑱ （ヤッホー）

右手（左手）で⑰と同じ動作をする

⑲ ヤッホホホ

手をかえて⑰の動作をする

⑳ （ヤッホホホ）

手をかえて⑱の動作をする

㉑ たのしい

右手を腰にあて、左手はひじから上にあげ、前後にふる

㉒ （たのしい）

右手（左手）で㉑と同じ動作をする

㉓ ところ

反対の手で㉑の動作をする

㉔ （ところ）

反対の手で㉒の動作をする

㉕ ヤッホー 
左手を口もとへあて、山びこをする時のまねをする

㉖ （ヤッホー） 
右手（左手）で㉕と同じ動作をする

㉗ ヤッホホホ 
手をかえて㉕の動作をする

㉘ （ヤッホホホ） 
手をかえて㉗の動作をする

㉙ たのしい 
右手を腰にあて、左手はひじから上にあげ、前後にふる

㉚ （たのしい） 
右手（左手）で㉙と同じ動作をする

㉛ ところ 
反対の手で㉙の動作をする

㉜ （ところ） 
反対の手で㉚の動作をする

2番

① あめ 
身体の前で両手のひらを下に向けて、上から下へ2回ふりおろす

② （あめ） 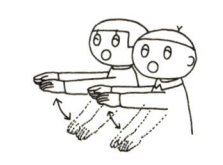
①と同じ動作をする

③ がふれば 
両手を腰にあてる（胸をはって、いばった姿勢をする）

④ （がふれば） 
③と同じ動作をする

⑤ おがわ 
両手を前で左から右へ（右から左へ）波形にふる

⑥ （おがわ） 
⑤と同じ動作をする

⑦ ができる 
③の動作をする

⑧ （ができる） 
④の動作をする

⑨ かぜが 
両手を高くあげ左右にふる

⑩ （かぜが） 
⑨と同じ動作をする

⑪ ふけば 
③の動作をする

⑫ （ふけば） 
④の動作をする

身体・表現あそび

⑬ やまが 
両手で三角形を作り、山形にする

⑭ （やまが） 
⑬と同じ動作をする

⑮ できる 
③の動作をする

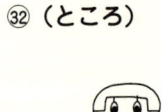

⑯ （できる） 
④の動作をする

⑰ ウッシ 
右手（左手）で口をふさぎないしょ話の動作をする

⑱ （ウッシ） 
右手（左手）で⑰と同じ動作をする

⑲ ウッシシシ 
手をかえて⑰の動作をする

⑳ （ウッシシシ） 
⑲と同じ動作をする

㉑ さみしい 
両手を胸の前でおばけの形にして左右にふる

㉒ （さみしい） 
㉑と同じ動作をする

㉓ ところ 
両手を胸で交差させる

㉔ （ところ） 
㉓と同じ動作をする

㉕ ウッシ 
⑰の動作をする

㉖ （ウッシ） 
⑱の動作をする

㉗ ウッシシシ 
手をかえて㉖の動作をする

㉘ （ウッシシシ） 
㉗と同じ動作をする

㉙ さみしい 
㉑の動作をする

㉚ （さみしい） 
㉒の動作をする

㉛ ところ 
㉓の動作をする

㉜ （ところ） 
㉔の動作をする

★リーダーが「あめ」と歌ったら、他の人たちが「あめ」と歌いリーダーのまねをする。
★リーダーは大げさに動作をしましょう。
★「たのしいところ」「さみしいところ」を「………ところ」いろいろかえて、みましょう。

かなづちトントン

高木乙女子　訳詞
外国曲

♩= 92

(歌詞)
かなづち　トン　トン
1. いっ　ぽん　で　で　トン　トン　トン　トン
2. に　ほん　で　で　トン　トン　トン　トン
3. さん　ぼん　で　で　トン　トン　トン　トン
4. よん　ほん　で　で　トン　トン　トン　トン
5. ご　ほん　で　で　トン　トン

かなづち　トン　トン
つぎ　は　に　ほ　ん
ぎ　は　さん　ぽ　ん
つ　は　よん　ほ　ん
つ　は　ご　ほ　し
こ　で　お　し　まい

身体・表現あそび

椅子にこしかけます

1番

① かなづち 
右手をげんこつにして前に出し、2回上下にふる

② トントン 
右手のげんこつで、右ひざを2回たたく

③ いっぽんでトントン 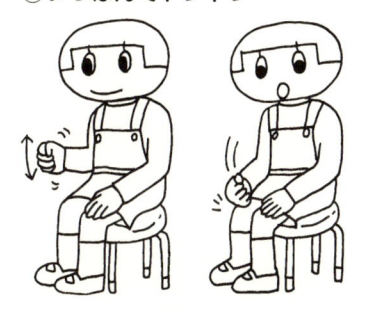
①と②の動作をする

④ かなづちトントン 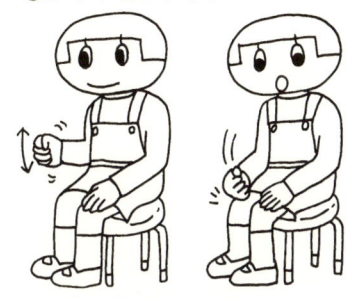
①と②の動作をする

⑤ つぎはにほ 
拍手を2回する

⑥ ん 
両手をげんこつにして前に出す

2番

①かなづち　　　　　　　　②トントン　　　　　　　　③にほんで　トントン

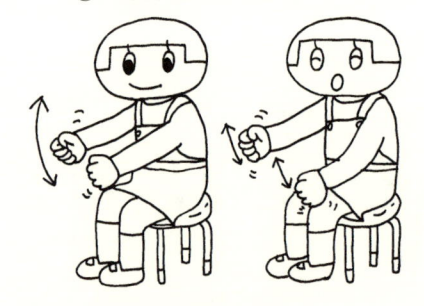

両手のげんこつを前に出し、　両ひざを、左右、交互に　　2番①②の動作をする
2回上下にふる　　　　　　2回たたく

④かなづち　トントン　　　⑤つぎはさんぽ　　　　　　⑥ん

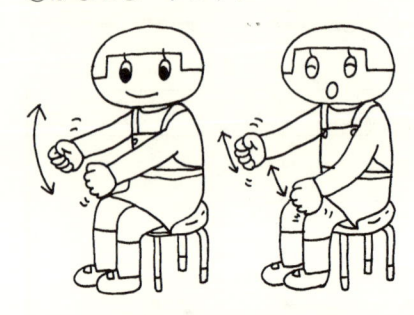

2番①②の動作をする　　　拍手を2回する　　　　　　両手のげんこつと、右足
　　　　　　　　　　　　　　　　　　　　　　　　　　（左足）を前に出す

3番

①かなづちトントン　　　　②さんぼんでトントン　　　③かなづちトントン

両手のげんこつは両ひざを、右足　3番①の動作をする　　3番①の動作をする
（左足）は床を4回打つ

④つぎはよんほ　　　　　　⑤ん

拍手を2回する　　　　　　両手のげんこつと、両足
　　　　　　　　　　　　　を前に出す

4番

①かなづちトントン

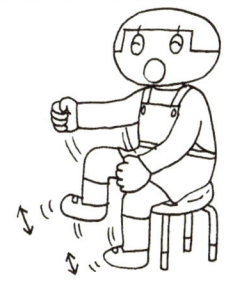

両手のげんこつは両ひざを、両足は床を交互に4回打つ

②よんほんでトントン

4番①の動作をする

③かなづちトントン

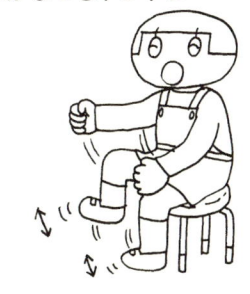

4番①の動作をする

④つぎはごほ

拍手を2回する

⑤ん

両手のげんこつと、両足を前に出し、首を前に曲げる

5番

①かなづちトントン

両手のげんこつは両ひざを、両足は床を交互に打ち、同時に首を前に4回曲げる

②ごほんでトントン

5番①の動作をする

③かなづちトントン

5番①の動作をする

④これでおし

拍手を2回する

⑤まい

両手をひざにおく

★動作がだんだん増していきます。止まらないようにがんばりましょう。

身体・表現あそび

奈良の大仏さん

作詞　不詳
二階堂邦子　補詞
川澄　健一　作曲

(楽譜: F — C7 — F / F — C7 — F)

歌詞（1〜5番、譜面下）:

1. なにわの なんばの だいぶつさんは はとが じゅうまんびき てててて ままままっっっ…
2. ちばの のんばの ぶつここに さんめさんめすず めがはなみ ててて まっ…
3. にの のんばの ぶつここに さんめすず めたゆめお ててて まっ…
4. さんの のんばの ぶつここに さんめすず めあお ててて まっ…
5. よんの のんばの ぶつここに さんめすず めあお ててて まっ…

（２段目）
なんたくユーな といからラリがい ていからラリがいった てエトおおりかトマルごとやねかけ まだだだ すよよよ チュンチュンチュンチュン　チュン　ヘイ

---

6. ごばんめの
　　こすずめは
　　かたに
　　とまって
　　みぎひだり
　　シーソーだよ
　　☆チュンチュンチュンチュン
　　チュンチュン　ヘイ

7. ろくばんめの
　　こすずめは
　　せなかに
　　とまって
　　ツルリ　ツルリ
　　すべりだいだよ
　　☆くりかえし

8. ななばんめの
　　こすずめは
　　おへそに
　　とまって
　　ひろい　ひろい
　　おいけだよ
　　☆くりかえし

9. はちばんめの
　　こすずめは
　　ももに
　　とまって
　　フカフカ
　　ざぶとんだよ
　　☆くりかえし

10. きゅうばんめの
　　こすずめは
　　おひざに
　　とまって
　　かたい　かたい
　　いこだよ
　　☆くりかえし

11. じゅうばんめの
　　こすずめは
　　おしりに
　　とまって
　　くさい　くさい
　　おならだよ
　　チュンチュンチュン
　　チュンチュン　ブー

1番　①**ならのならのだいぶつさんに**　②**すずめがじゅっぱとまって**　③**なんといって**

両手で上から下へ大きな
ダルマの形を描く

両手10本の指をひろげて
左右にふる

右手(左手)を右耳(左耳)へ
もっていって聞く動作をする

④**ないてます**　⑤**チュンチュンチュンチュンチュン**　⑥**ヘイ**

左手(右手)を左耳(右耳)へ
もっていって聞く動作をする

両手を腰のところで、
リズムに合わせて5回ふる

げんこつにした片手を
上にあげる

★「チュンチュン」のところは2番から10番まで1番の⑤⑥と同じ動作をする。

2番　①**いちばんめのこすずめは**　②**あたまにとまって**　③**たかいたかいおやまだよ**

右手(左手)の人さし指を
出して、左右にふる

出した人さし指で、
頭を4回さす

両手を頭から斜め下に
おろして山を描く

3番　①**にばんめのこすずめは**　②**おはなにとまって**　③**くらいくらいトンネルだよ**

右手(左手)人さし指と
中指を出す

右手(左手)人さし指で、
鼻を4回さす

両手をまるめて目に
あててにぎっていく

4番　①**さんばんめのこすずめは**　②**おみみにとまって**　③**ユラリ　ユラリゆりかごだよ**

右手(左手)人さし指、
中指、薬指を出す

右手(左手)人さし指で、
耳を4回さす

両手のひらを上に向けてひじから
左右に2回ずつゆりうごかす

身体・表現あそび

5番

①よんばんめのこすずめは

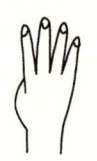

右手(左手)人さし指、中指、薬指、小指を出す

②おゆびにとまって

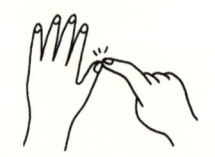

右手(左手)人さし指で、左手(右手)の親指を4回さす

③ながいながいエントツだよ

両手のひらを下向きと上向きにして、その間隔を少しずつ広げていく

6番

①ごばんめのこすずめは

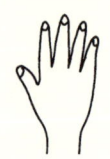

右手(左手)の指5本を出す

②かたにとまって

右手(左手)人さし指で、右肩(左肩)を4回さす

③みぎひだりシーソーだよ

右左右左と肩を交互にあげる

7番

①ろくばんめのこすずめは

指を6本出す

②せなかにとまって

右手(左手)人さし指で、背中を4回さす

③ツルリ　ツルリ

右手(左手)を上から下におろす。手を替えて同じ動作をする

④すべりだいだよ

両手をバンザイして、上から下へおろす

8番

①ななばんめのこすずめは

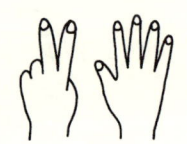

指を7本出す

②おへそにとまって

右手(左手)人さし指で、おへそを4回さす

③ひろいひろいおいけだよ

両手を横に少しずつ広げていく

9番 ①はちばんめの こすずめは
指を8本出す

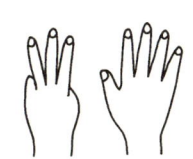

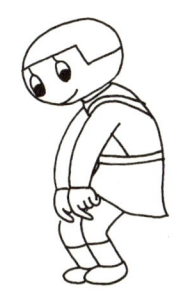

②ももにとまって
両手でももを4回さす

③フカフカ
「フ」で両手をひらく。「カ」で指先を親指に合わせて、パクパクさせる。2回くりかえす

④ざぶとんだよ
両手で四角を描く

10番 ①きゅうばんめの こすずめは
指を9本出す

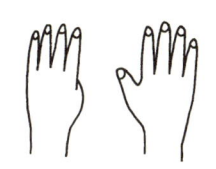

②おひざにとまって
両手の人さし指でひざを4回さす

③かたいかたい たいこだよ
両手のひらで、ひざを4回たたく

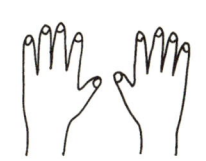

11番 ①じゅうばんめの こすずめは
両手をひろげて10本指を出す

②おしりにとまって
右手（左手）人さし指で、おしりを4回さす

③くさいくさいおならだよ
片手で鼻をつまみ、片方の手で左右に手首をふる

④チュンチュン…………
1番⑤の動作をする

⑤ブー
腰をかがめて、お尻のところで5本指をパッとひらき、左手で鼻をつまむ表現をする

★大変長い歌なので、その時に合わせて3羽、5羽と区切ってみましょう。
★それぞれの歌の最後「チュンチュンチュンチュンチュン ヘイ」のところは、それぞれ好きな表現(ポーズ)をしてもよいでしょう。

身体・表現あそび

まど

赤城芙士夫 作詞
柴田 公平 作曲
伊藤 嘉子 編曲

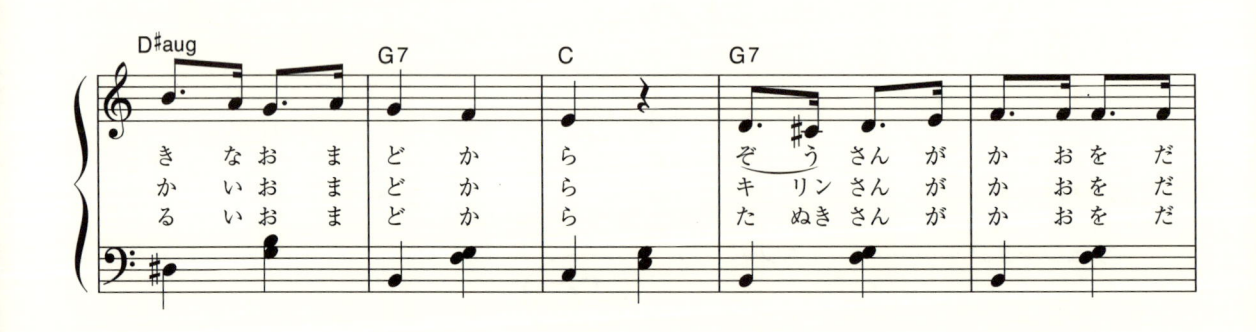

```
D#dim7        Em              G7              C
   リ  ス ちゃん が      か か を だ      す す お は    よ  は
   も ぐら さん が      か か お を だ      す こん こん にち      う
   か ば さん が        か か お お だ      す   ばん
```

1番

①おおきなおまど

両手を下から上へあげ
頭の上で円を作る

②ちっちゃなおまど

胸の前で両手の指で
小さな円を作る

③おおきなおまどから

①の動作をする

④ぞうさんがかおをだす

右手(左手)を前にだらんとさげてぞうの鼻の形
にして、腰をかがめる。左手(右手)はうしろに
まわし、しっぽにして、手を左右にふる

⑤ちっちゃなおまどから

②の動作をする

⑥リスちゃんがかおをだす

両手を頭の上でリスの耳
の形を作り、手首を前後
に動かす

⑦おはよう

両手で顔をかくし、
左右にずらして、顔を出す
(いないいないばあをする)

身体・表現あそび

2番

①たかいおまど 
両手をまっすぐ上にのばし、背のびをする

②ひくいおまど 
両手をひっこめて、顔の横で手のひらを立て、しゃがむ

③たかいおまどから 
2番①の動作をする

④キリンさんがかおをだす 
2番①の動作で手首を曲げる

⑤ひくいおまどから 
2番②の動作をする

⑥もぐらさんがかおをだす 
両手でひげを作る

⑦こんにちは 
1番⑦の動作をする

3番

①まるいおまど 
1番①の動作をする

②しかくいおまど 
頭の上から、両手で大きく四角を描く

③まあるいおまどから 
3番①の動作をする

④たぬきさんがかおをだす 
おなかをつきだして、両手のげんこつで、おなかを交互にたたく

⑤しかくいおまどから 
3番②の動作をする

⑥かばさんがかおをだす 
両手を上下に大きくひろげ、かばの口を作る

⑦こんばんは 
両手を上下に合わせてぱくっとあける

★すきな窓のかたちを作って、いろいろな顔を出してみましょう。
★ペープサートを作っても面白いでしょう。

おつむてんてん

阿部直美 作詞／作曲

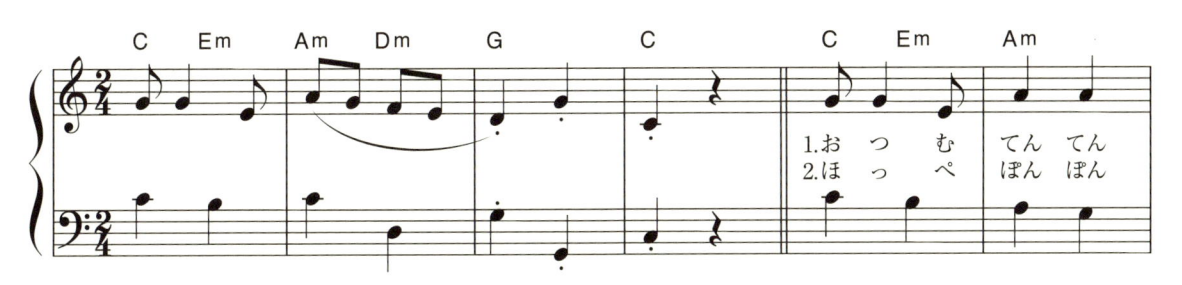

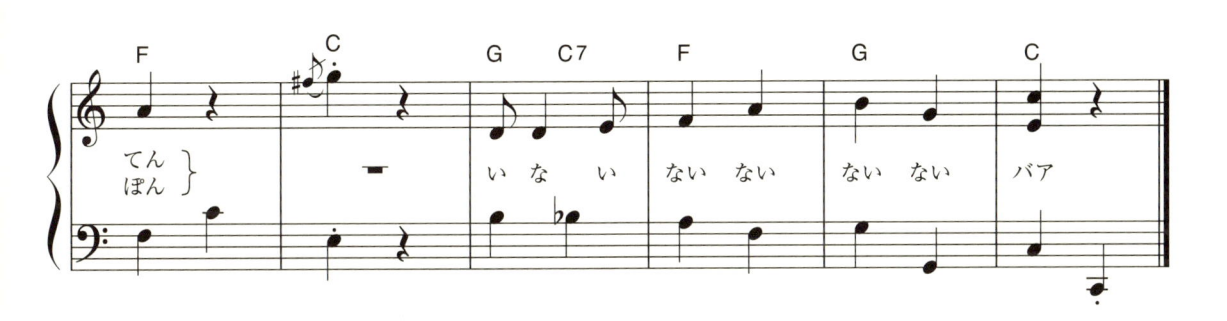

（楽譜）

歌詞:
1. おつむ てん てん てん いない ない ない ない ない バア
2. ほっぺ ぽん ぽん ぽん

☆お母さんと子どもは向かい合って座り、動作をします。

① おつむてんてん
2人で向かい合って座り、両手を頭の上にのせ軽くたたく

② いないないないないない
両手の甲を外に向けて顔をかくす

③ バア
両手を左右に開く

★何回も繰り返しやってみましょう。
★1歳前後の子どもは、お母さんのひざの上に抱いて動作をするとスキンシップ効果が高まります。
★子どもの名前を呼びかけてから動作に入るといいでしょう。

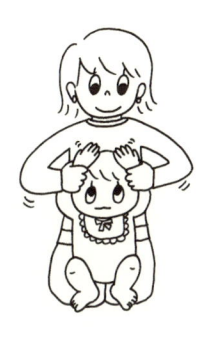

ペア・集団あそび

おめめさん おはなさん

佐倉智子 作詞
おざわたつゆき 作曲

(楽譜)

1. おめめさん おめめさん おめめさん パチッ
2. おはなさん おはなさん おはなさん プー
3. おみみさん おみみさん おみみさん ピョン

1番
①おめめさんおめめさん
　おめめさん

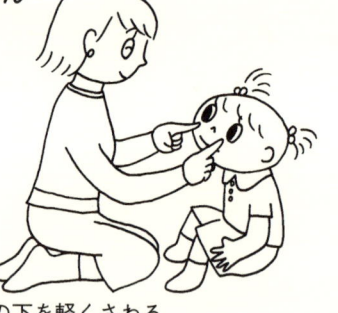

お母さんは両手の人さし指で子どもの目の下を軽くさわる

②パチッ

2人一緒に、顔の前で両手を開く

2番
①おはなさんおはなさん
　おはなさん

人さし指で子どもの鼻を軽くつつく

②プー

2人一緒に、人さし指で鼻の頭を上に押しあげる

3番
①おみみさんおみみさん
　おみみさん

両手で子どもの両耳を軽くつまむ

②ピョン

2人一緒に、両手を頭の上にあげ、うさぎの耳の形を作る

★お母さんと子どもは向かい合って座り、同じ動作をするのもいいでしょう。

すいか

阿部直美 作詞・作曲
伊藤嘉子 セリフ

(セリフ)
1. ○○ちゃんのすいかはあかくて とってもおおきいすいかだね まんまるすいかは まっかなすいかに
2. ○○ちゃんのすいかはあまくて とってもおいしいすいかだね

おもたいぞ ウントコショ ウントコショ
くろいたね ププッププッ ププッププッ

☆お母さんと子どもは向かい合って座り、動作をします。

1番 Ⓐ○○ちゃんのすいかはあかくて
とってもおおきいすいかだね

①まんまるすいかは
おもたいぞ

②ウントコショ
ウントコショ

お母さんと子どもは向かい合って
座り、セリフをいう

お母さんは両手で子どもの
ほおをはさみ、右左に傾ける

子どものほおを
軽く持ち上げる

2番 Ⓐ○○ちゃんのすいかはあまくて
とってもおいしいすいかだね

①まっかなすいかに
くろいたね

②ププッププッ
ププッププッ

1番Ⓐと同じ動作をする

お母さんは両手で子どもの
ほおを軽くさする

片手の人さし指で子どものまゆ
毛、鼻、口、ほおを軽くつつく

★子どもが動作をする時は、お母さんのひざの上にまたがって座るといいでしょう。
★セリフの部分は2人で向かい合って座り、お母さんが話します。
★セリフの○○の部分は子どもの名前を入れてあそびましょう。

ペア・集団あそび

チャイムならして

阿部直美 作詞・作曲

歌詞:
チャイム ならして
ピン ポン ピン
ドア を たたいて
トン トン トン
かぎ を はずして
ガッチャ ガチャ
ここ は ともちゃんの
おうち です

☆お母さんと子どもは向かい合って座り、動作をします。

①チャイムならして ピンポンピン 
お母さんは人さし指で子どもの鼻を軽くつつく

②ドアをたたいて トントントン 
両手のひらで子どもの両ほおを片手ずつ交互に軽くたたく

③かぎをはずして ガッチャガッチャ 
両手で子どもの両耳を軽くつかみ、前後に動かす

④ここはともちゃんの おうちです 
両手で子どもの両肩を軽くたたく

★何回も繰り返し歌い、動作を交替して遊んでみましょう。
★子どもがお母さんに対して動作をするときは、お母さんのひざに向かい合って座らせます。
★「ともちゃん」のところを、お母さんとしたり、子どもの名前に変えてやってみましょう。

はなびらとまった

佐倉智子 作詞
おざわたつゆき 作曲

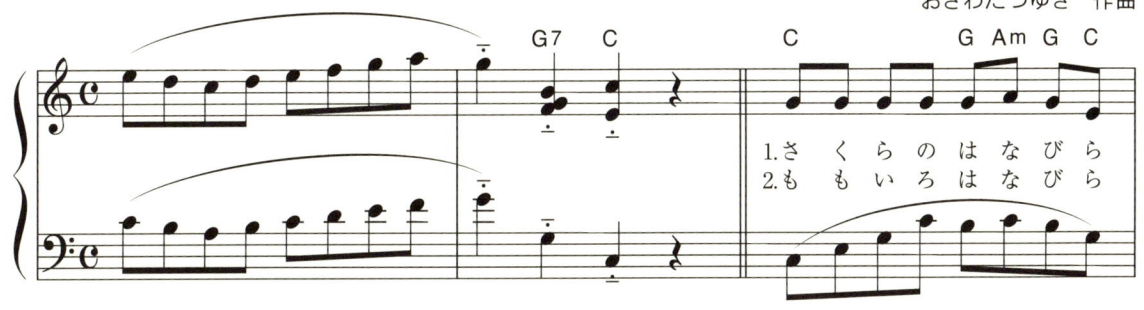

1. さくらの はなびら ひらひら ともちゃんのあたまに とまった
2. ももいろ はなびら ひらひら みほちゃんのおててに とまった

☆お母さんと子どもは向かい合って座り、動作をします。

1番 ①さくらの　　はなびら　ひらひら

お母さんは片手（両手）を高く上げ、
ヒラヒラさせながらおろす

②ともちゃんのあたまに　とまった

ヒラヒラさせながらおろした手を
子どもの頭にのせる

2番 ①ももいろ　　はなびら　ひらひら

お母さんは片手（両手）を高く上げ、
ヒラヒラさせながらおろす

②みほちゃんのおててに　とまった

ヒラヒラさせながらおろした手を
子どもの手に重ねる

★子どもの名前を折り込みながら、おろす手をほお、肩、腕などいろいろなところにもっていくといいでしょう。

ペア・集団あそび

あさがおコリャコリャ

阿部直美 作詞/作曲

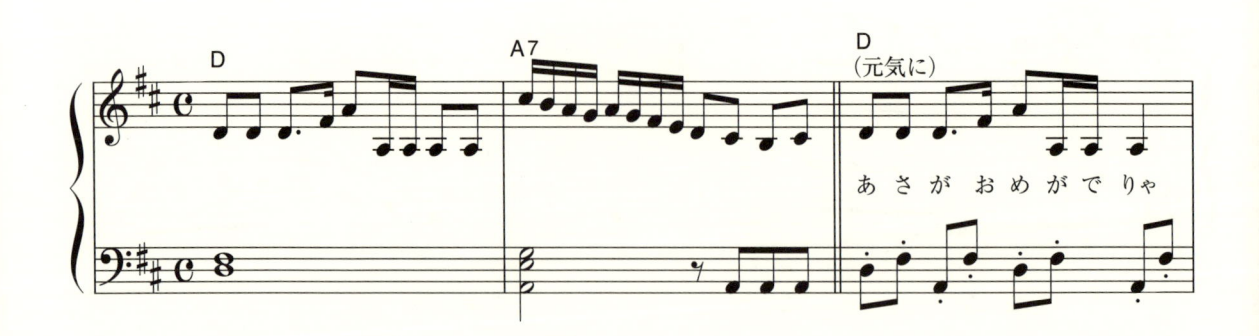

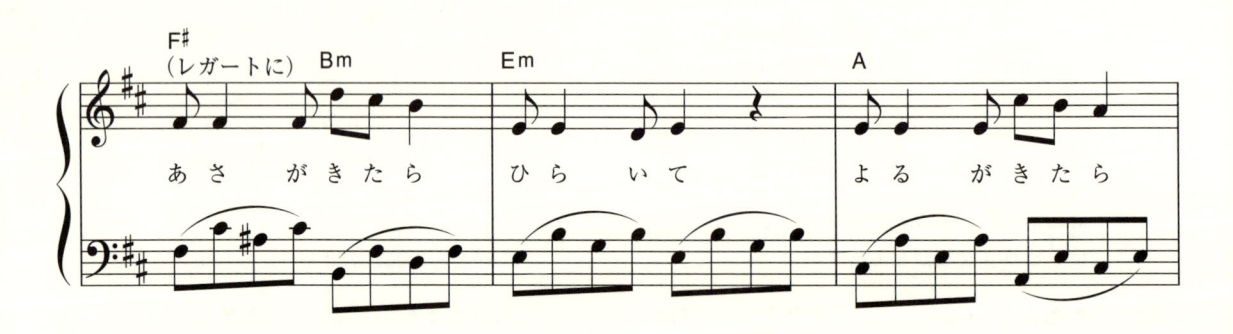

(元気に)
あさがお めがでりゃ
コリャコリャ ふたば つるがのびて コリャコリャ つぼみ
(レガートに)
あさが きたら ひらいて よるが きたら
(元気に)
しぼんで たねが できたら コリャコリャ ジャンケンポン

☆お母さんがひざを折り、子どもは立って向かい合い、同じ動作をします。

①あさがおめがでりゃ
2人向かい合って座り両手首をくっつけて、拍手を4回する

②コリャコリャふたば
両手首をつけたまま、手のひらを上に向けてひらく

③つるがのびて
両手を合わせて回しながら上にあげる

④コリャコリャつぼみ
胸の前で両手首をくっつけて、手のひらをふくらませつぼみの形を作る

⑤あさがきたらひらいて
手首を上下に合わせて、手のひらは上下にひらく

⑥よるがきたらしぼんで
両手の指先を下に向け、おばけの手の形をする

⑦たねができたらコリャコリャ
両手をげんこつにして、胸の前でこすり合わせる

⑧ジャンケンポン
片手のジャンケンをする

⑨（セリフ）あ・さ・が・お・の・お・し・ば・な
ジャンケンで勝った人は負けた人の鼻を両手の人さし指ではさみ、セリフをいいながら左右から押す

ペア・集団あそび

お寺のおしょうさん

わらべうた
伊藤嘉子 編曲

せっ せっ せー の よい よい よい おてらの おしょう さんが かぼちゃの たね を まきまし た めがでて ふくらんで はながさいたら ジャンケンポン （あいこでしょ）

2人向かい合う

①せっせっせーの
　よいよいよい

両手をつなぎ、
リズムに合わせて
両手を上下にふる

②イお

拍手を1回する

ロて

お互いの右手(左手)の
ひらを打ち合わせる

ハら

拍手を1回する

ニの

お互いの左(右)手の
ひらを打ち合わせる

③おしょうさんが　かぼちゃのたねを♪　まきまし

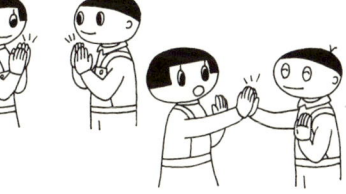

②のイロハニの動作を4回繰り返す

④た

お互いの両手のひらを
打ち合わせる

⑤めがでて

自分の両手を
合わせる

⑥ふくらんで

両手の甲を左右に
ふくらませる

⑦はながさいたら

手首をつけたまま手のひ
らをはなし、指をひらく

⑧ジャンケン

両手をげんこつにして
正面でかいぐりをする

⑨ポン

じゃんけんをする

⑩あいこで

両手をげんこつにして
正面でかいぐりをする

⑪しょ

じゃんけんをする

★⑨の「ポン」で、じゃんけんがあいこになった場合は⑧へもどり、勝負が決まるまで繰り返します。

ペア・集団あそび

パン屋さんにおかいもの

佐倉智子 作詞
おざわたつゆき 作曲

1.パン パン パンやさんに おかいもの サンドイッチに
2.ホイ ホイ たくさん まいどあり

メロンパン ねじり ドーナツ パンのみみ

チョコパン ふたーつ ください な

はい どうぞ

1番

2人向かい合い、1人はパン屋さん、1人はお客さんになる

①パンパンパンやさんに おかいもの

2人一緒に拍手を7回する

②サンドイッチに

お客さんは、パン屋さんの両ほおを両手で軽く2回はさむ

③メロンパン

両目の下を人さし指でアカンベエをする

④ねじりドーナツ

鼻をつまむ

⑤パンのみみ

両耳をひっぱる

⑥チョコパンふたつ

両脇をくすぐる

⑦くださいな

2人とも拍手を3回する

2番

**①ホイホイたくさん まいどあり
………チョコパンふたつ**

1番①②③④⑤⑥の動作をする

②はいどう

拍手を2回する

③ぞ

パン屋さんになった人が両手のひらを上に向けて「どうぞ」をする

★2番はお客さんとパン屋さんが逆になり、パン屋さんが、お客さんに②〜⑥と同じ動作をする。

ペア・集団あそび

117

たまねぎせっせっせ

阿部直美 作詞/作曲

楽譜

ほんとのたまねぎ なみだがポーロポロ
うそっこのたまねぎ コーチョコチョ
コーチョコチョ

2人向かい合う

①せっせっせーの 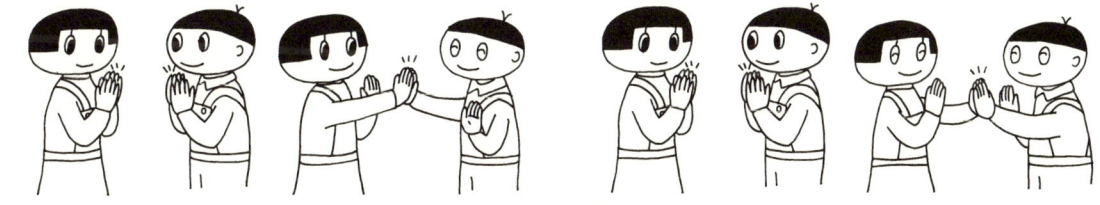
両手で拍手を1回し、相手の両手のひらを1回打ち合わせる動作を2回くりかえす

②よいよいよい 
お互いに両手を前に出し、相手と両手をつなぎ、軽く上下にふる

③たまねぎ 
両手をげんこつにし、胸の前で合わせる

④たねまきゃ 
たねをまく動作をする

⑤せっせっせ 
相手の両手のひらを3回打ち合わせる

⑥たまねぎ 
③の動作をする

⑦みずまきゃ
両手を軽くにぎり、肩越しに、うしろへ開いたり閉じたり、軽くふる

ペア・集団あそび

⑧せっせっせ

⑤の動作をする

⑨たまねぎ

③の動作をする

⑩めがでりゃ

両手首をくっつけて、手のひらをふくらませ、つぼみの形を作る

⑪せっせっせ

⑤の動作をする

⑫たまねぎ

③の動作をする

⑬かわむきゃ

頭の上で両手のひらを合わせ、左右へ半円を描きながら腕をおろす

⑭せっせっせ

⑤の動作をする

⑮せっせっせの

①の動作をする

⑯ジャンケンポン

右手でじゃんけんをする

⑰もひとつポン（それ）

⑯の動作のまま、左手でじゃんけんをして、両腕を交差させる

⑱どっちひいてポン

どちらか片手をひっこめて、残った片手どうしで勝負をきめる

⑲ほんとのたまねぎ　なみだがポーロポロ

勝った人が負けた人を指さし、負けた人が涙を流す動作をする

⑳うそっこのたまねぎ　コーチョコチョ

勝った人が、負けた人を指さし、負けた人のわきの下をくすぐる

★あいこの場合は、お互いに⑲の動作をし、お互いにくすぐり合いましょう。

アブラハムの子

作詞者不明
外国曲

1. アブラハムには 7人の子
   1人はノッポで あとはチビ
   みんななかよく くらしてる
   さあ おどりましょう
   (リーダー) (全員)
   右手　右手

2. ☆1番と同じ
   (リーダー) (全員)
   左手　左手

3. ☆2番と同じ
   (リーダー) (全員)
   右足　右足

4. ☆3番と同じ
   (リーダー) (全員)
   左足　左足

5. ☆4番と同じ
   (リーダー) (全員)
   あたま　あたま

6. ☆5番と同じ
   (リーダー) (全員)
   おしり　おしり

7. ☆6番と同じ
   (リーダー) (全員)
   まわって まわって
   　　　　おしまい!!

1番
**①アブラハムには………
さあおどりましょう**

（リーダー）
②みぎて

（他の全員）
③みぎて

リーダーが歌う。
他の全員は歌を聞いている

リーダーが右手を
顔の横に出す

他の人たちはリーダーのまねをする

2番
**①アブラハムには……
さあおどりましょう**

（リーダー）
②みぎて

全員で右手をひらいて顔の横で左右にふりながら歌う

リーダーが②の動作をする

（他の全員）
③みぎて

（リーダー）
④ひだりて

（他の全員）
⑤ひだりて

他の人たちは③の動作をする

リーダーが左手を
顔の横に出す

他の人たちはリーダーのまねをする

3番
**①アブラハムには………
さあおどりましょう**

②みぎて

全員で右手と左手をひらいて顔の横で左右にふりながら歌う

リーダー②の動作をする

③みぎて

④ひだりて

⑤ひだりて

他の人③の動作をする

④の動作をする

⑤の動作をする

⑥みぎあし

リーダーが右足を前に出す

⑦みぎあし

他の人たちはリーダーのまねをする

4番

①アブラハムには………さあおどりましょう

全員で右手と左手をひらいて顔の横で左右にふり、
右足を前後に動かしながら歌う

②みぎて

②の動作をする

③みぎて

③の動作をする

④ひだりて

④の動作をする

⑤ひだりて

⑤の動作をする

⑥みぎあし

⑥の動作をする

⑦みぎあし

⑦の動作をする

⑧ひだりあし

リーダーが左足を前に出す

⑨ひだりあし

他の人たちはリーダーのまねをする

7番 ⑯おしまい（Coda）

きをつけをする

★ 5番では⑩⑪で頭を前後に動かす動作を加える　6番では⑫⑬おしりを左右にふる動作を加える。
★ 7番では⑭⑮ぐるっとまわる動作を増やしていきます。最後のCodaで⑯の動作をします。

ペア・集団あそび

123

カレーライス

ともろぎゆきお　作詞
峯　陽　作曲

1. にんじん（〃）た　まねぎ（〃）じゃ　がいも（〃）ぶ　たにく（〃）お
2. おしお（〃）カ　レールー（〃）と　けたら（〃）あ　じみて（〃）こ
3. ムシャムシャ（〃）モ　グモグ（〃）お　みずも（〃）ゴ　クゴク（〃）そ

なべで（〃）い　ためて（〃）　ぐつぐつに　ま　しょう
しょうを（〃）い　れたら（〃）　はいできあ　が　り　ポチチン
したら（〃）ち　からが（〃）　もりもりわい　て　た　［ポーズ］

☆保育者と子どもたちは向かい合って立ち、掛け合いで歌いながら同じ動作をします。

1番

①にんじん — 両手でチョキを出す
②（にんじん） — 両手でチョキを出す
③たまねぎ — 両手を合わせてまるくする
④（たまねぎ） — ③と同じ動作をする
⑤じゃがいも — 両手でグーを出す
⑥（じゃがいも） — 両手でグーを出す
⑦ぶたにく — 右手の人さし指で鼻をさし、上に押す
⑧（ぶたにく） — 右手（左手）で同じ動作をする

⑨おなべで
合わせた両手で前に大きく輪を作る

⑩（おなべで）
⑨と同じ動作をする

⑪いためて
左手を大きく左右に振り、いためる動作をする

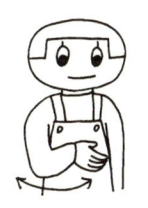

⑫（いためて）
右手（左手）で同じ動作をする

⑬ぐつぐつにましょう
保育者と子どもたちは一緒に、両手をにぎったり、ひらいたりする

2番

①おしお
左手をグーからパッパッとひらいて、塩を入れる動作をする

②（おしお）
両手で保育者と同じ動作をする

③カレールー
両手で固形のカレーを持ち、折る動作をする

④（カレールー）
2番③と同じ動作をする

⑤とけたら
左手でかきまぜる動作をする

⑥（とけたら）
右手（左手）で同じ動作をする

ペア・集団あそび

⑦ あじみて

左手ですくって
口もとへ持っていく

⑧ （あじみて）

右手（左手）で
同じ動作をする

⑨ こしょうを

左手のグーを上下にふる

⑩ （こしょうを）

右手（左手）で
同じ動作をする

⑪ いれたら

かきまわすように、
左手首を動かす

⑫ （いれたら）

右手（左手）で
同じ動作をする

⑬ はいできあが

保育者と子どもたちは
一緒に拍手を4回する

⑭ り

みんな一緒に両手を
開き、前に出す

⑮ ポチ

「ポチ」で右手（左手）
人さし指で鼻をさす

⑯ チン

「チン」で上へ

3番

① ムシャムシャ

右手を皿にして、
左手の人さし指と中指を出し、
すくって食べる動作をする

② （ムシャムシャ）

保育者と
同じ動作をする

③ モグモグ

口を左右に動かし、
食べている動作をする

④（モグモグ）

3番③と同じ動作をする

⑤おみずも

右手をうけ皿にして、左手をにぎって右手のひらにのせる

⑥（おみずも）

保育者と同じ動作をする

⑦ゴクゴク

水をのむ動作をする

⑧（ゴクゴク）

保育者と同じ動作をする

⑨そしたら

左手をげんこつにして、腕を上に曲げる

⑩（そしたら）

右手で保育者と同じ動作をする

⑪ちからが

右手をげんこつにして、腕を上に曲げる

⑫（ちからが）

保育者と同じ動作をする

⑬もりもり

保育者と子どもたちは一緒に上に曲げた両腕を上下に動かす

⑭わいて

曲げた左（右）腕を前につき出す

⑮きた

曲げた右（左）腕を前につき出す

⑯［ポーズ］

すきなポーズを作る

ペア・集団あそび

大工のきつつきさん

ナレーション

Ⓐ静かな静かな森の中に大工のきつつきさんが住んでいました。
Ⓑきつつきさんが木をトントントンとたたくと
Ⓒ風が「サーッ」と吹いてきました。
Ⓓきつつきさんは何だろうと
　「ハッ」とおどろきました。
Ⓔところが、それは顔見知りのうさぎさんだったので
　「ホッ」としました。
Ⓕうさぎさんはきつつきさんを見て
　「アッカンベェ」をしました。
Ⓖうさぎさんの顔がとても面白かったので
　きつつきさんは「クスッ」と笑いました。
Ⓗそれを見ていたウルトラマンが
　「シュワッチ」をしました。

※Ⓖのあとはそれぞれ面白い登場人物を入れ、表現してみましょう。

伊藤嘉子　作詞・補作
スイス民謡

(セリフ)
1. サーッ
2. サーッ ハーッ
3. サーッ ハーッ ホッ
4. サーッ ハーッ ホッ アッカンベェー
5. サーッ ハーッ ホッ アッカンベェー クスッ
6. サーッ ハーッ ホッ アッカンベェー クスッ シュワッチ

ホル ディ ア クッ クッ　　ホー

☆保育者と向かい合った子どもたちは、ナレーションの間は聞いています。

1番

ナレーション

Ⓐ静かな静かな森の中に
大工のきつつきさんが
住んでいました

保育者は子どもたちと
向かい合い、お話しをし、
子どもたちは先生をかこんで
聞いている

Ⓑきつつきさんが
木をトントントンと
たたくと

保育者は右手の人さし指で
トントントンに合わせて
つつく動作をする

Ⓒ風が「サーッ」と
吹いてきました

両手を右(左)肩から左(右)下
の横のほうへ吹きぬけるよう
な動作をする

☆歌に入ったら保育者と子どもたちは一緒に歌いながら、同じ動作をします。

①しず

保育者と子どもたちは
一緒に拍手を1回する

②か

左(右)うでをのばし、
その手首を反対の手で
1回たたく

③な

左(右)うでの第2関節
(ひじの内側)を右(左)手で
1回たたく

ペア・集団あそび

④ もり 
拍手を1回する

⑤ の 
右(左)うでをのばし、その手首を反対の手で1回たたく

⑥ なか 
右(左)うでの第2関節（ひじの内側）を左(右)手で1回たたく

⑦ きこえる 
保育者と子どもたちは①〜③の動作をする

⑧ のは 
みんな一緒に④、⑤、⑥の動作をする

⑨ だいくのきつつきさん　せいだすおと 
①〜⑥の動作を2回くり返す

⑩ ホルディリーアー 
両手で両ひざを交互にこまかくたたく

⑪ ホル 
両手でひざを1回大きくたたく

⑫ ディア 
拍手を1回する

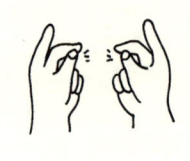

⑬ クックッ
指パッチンをする

⑭ ホルディアクッ

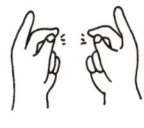

⑪⑫⑬の動作をする

⑮「サーッ」

みんな一緒に©の動作をする

⑯ ホルディアクックッ

⑪⑫⑬の動作をする

⑰ ホー

両手一緒にひざを大きくたたく

2番
☆2番のナレーションは1番のⒶⒷⒸの次にⒹのナレーションと動作が加わります。
☆2番以降3番にはⒺ、4番にはⒻと順々にナレーションが追加されて動作がふえ、曲中の「セリフ」の部分も同じ動作がふえていきます。

Ⓐ 静かな静かな……

1番Ⓐと同じ動作をする

Ⓑ きつつきさんが木を……

1番Ⓑと同じ動作をする

Ⓒ 風が「サーッ」と……

1番Ⓒと同じ動作をする

Ⓓ きつつきさんは何だろうと「ハッ」とおどろきました

「ハッ」で両手を顔の横に広げる

① しずかなもりのなか…

保育者と子どもたちは一緒に
1番①〜⑥の動作を4回くり返す

ペア・集団あそび

②ホルディリーアー　　　　　　　③ホルディアクックッ……

1番⑩の動作をする　　　　　　　1番⑪～⑬の動作を2回くり返す

④「サーッ」「ハッ」　　　　　　⑤ホルディアクックッホー

保育者と子どもたちは2番ⒸⒹの動作をする　　　1番⑪⑫⑬⑰の動作をする

☆3番から5番までは新しく加わった動作以外省略してあります。

3番

Ⓔ ところがそれは顔見知りのうさぎさんだったので「ホッ」としました

①「サーッ」　「ハッ」　「ホッ」

「ホッ」で両うでを胸の前で交差させる

2番④と3番Ⓔの動作をする

4番

Ⓕ うさぎさんはきつつきさんを見て「アッカンベェ」をしました

①「サーッ」　「ハッ」　「ホッ」　「アッカンベェ」

「アッカンベェ」で
両手の人さし指でアカンベェをする

3番①と4番Ⓕの動作をする

5番

G うさぎさんの顔がとても面白かったので、きつつきさんは「クスッ」と笑いました

「クスッ」で両手で口を押さえる

① 「サーッ」　「ハッ」　「ホッ」「アッカンベェ」「クスッ」

4番①と5番Gの動作をする

6番

A 静かな静かな森の中に大工のきつつきさんが住んでいました

保育者は子どもたちと向かい合い、お話しをし、子どもたちは先生をかこんで聞いている

B きつつきさんが木をトントントンとたたくと

保育者は右手の人さし指でトントントンに合わせてつつく動作をする

C 風が「サーッ」と吹いてきました

両手を右(左)肩から左(右)下の横のほうへ吹きぬけるような動作をする

D きつつきさんは何だろうと「ハッ」とおどろきました

両手を顔の横で広げる

E ところがそれは顔見知りのうさぎさんだったので「ホッ」としました

両うでを胸の前で交差させる

F うさぎさんはきつつきさんを見て「アッカンベェ」をしました

両手の人さし指でアカンベェをする

ペア・集団あそび

Ⓖうさぎさんの顔がとても面白かったので、きつつきさんは「クスッ」と笑いました

両手で口を押さえる

Ⓗそれを見ていたウルトラマンが「シュワッチ」をしました

両手でシュワッチの形を作る

①しずかなもりのなかきこえるのは…

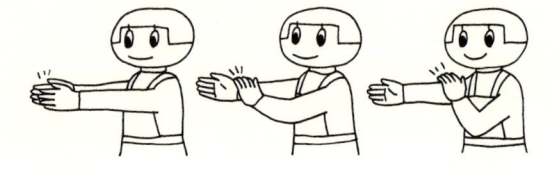

保育者と子どもたちは一緒に１番①〜⑥の動作を４回くり返す

②ホルディリーアー

１番⑩の動作をする

③ホルディアクックッ……

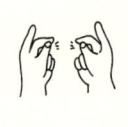

１番⑪〜⑬の動作を２回くり返す

④「サーッ」　「ハッ」　「ホッ」　「アッカンベェ」「クスッ」　「シュワッチ」

５番⒢と６番Ⓗの動作を続けてする

⑤ホルディアクックッ……

１番⑪〜⑬の動作をする

⑥ホー

１番⑰の動作をする

アビニョンの橋で

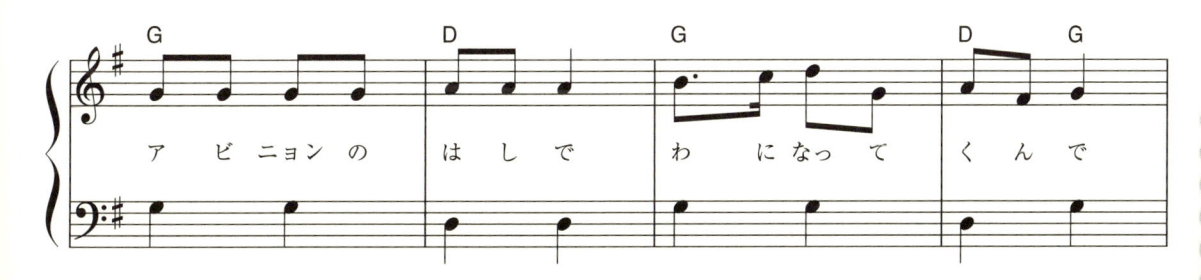

小林純一 訳詞
フランス民謡

アビニョンの はしで おどるよ おどるよ
アビニョンの はしで わになって くんで

1. こどもが とおる おとなも とおる
2. ぼうさんが とおる こぞうさんも とおる

(はなやさんが) とおる (やおやさんも) とおる

Tempo I

アビニョンの はしで おどるよ おどるよ

アビニョンの はしで わになって くんで

2列に向かい合って、向かい合った2人で、組になる

前奏4小節

両足のかかとを上下させる

1番

①アビニョンの

向かい合ったどうし、両手のひらを2回打ち合わせる

②はしで

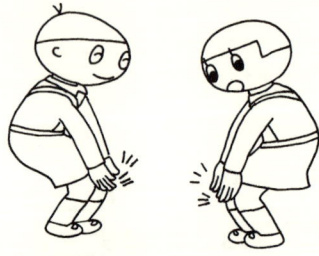

ひざを曲げて、両手でひざを2回たたく

③おどるよ おどるよ

2人の右腕を組み、右にスキップをして半分まわる

④アビニョンの

2人入れかわった位置で①の動作をする

⑤はしで

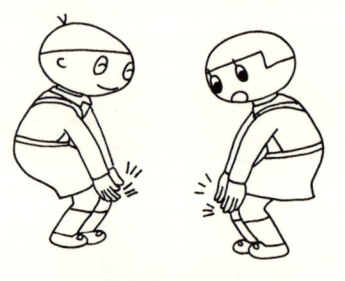

②の動作をする

⑥わになってくんで

2人の左腕を組み、左へスキップしてまわる

⑦こどもがとおる……………とお

⑧る

列の端にいる2人が、向き合って両手をつなぎ手を高くあげて、橋を作る（トンネルの形）他の組は順番にくぐり抜ける

「る」で橋を作っていた両手をさげ、その時通っていた2人組をはさむ

⑨アビニョンの…………おどるよ

⑩アビニョンの…………わになって

つかまった2人は別のところで、他の組は輪になって、それぞれ右まわりで、スキップする

⑨の動作で左まわりをする

⑪くんで

2人一組になって止まる

★2番は1番と同じ動作をしてみましょう。

付 録
みんなでうたって弾こう

ありがとう・さようなら

井出隆夫 作詞
福田和禾子 作曲
伊藤嘉子 編曲

♩.=86

1.あ
りりり がとう ささ ようなら とときょせ もだしん ちっいー せー
りり がとう ささ ようなら ときせ もだしせ ちっいー

ひとつずつの えがおよた はずむこいーかー えひいー
はしかられた よろしたこ すがさえ たのしたーあー
しかられた よれた えがおさえ はずむのたー

なつのひざし にーも ふゆのそらの したでもに
おもいでーの きずがぜに のこるあーの つくえに
あたらしい かーぜに ゆめのつばさ ひろげて

A♭ E♭ F F7
みんなまーぶしーくかがやいーて
だれかこーんどーはすわるんーだ
ひとりひーとりーがとびたつーと
B♭ B♭7 E♭ B♭ E♭
たーーありがとうさ
ろうーーありがとうさ
きーーありがとうさ
A♭ B♭7 to Φ 1. E♭
ようならともだちーー 2.あ
ようならきょうし
ようならせんせ
2. E♭
つーー

E♭aug　♭ミ・ソ・シの和音は、♭ミとソの音程が長3度、ソとシの音程も長3度で、「増三和音」と呼ばれる特殊な和音です。ユニークな味わいをもった和音です。

［著者略歴］
　愛知学芸大学（現愛知教育大学）音楽科卒業、イタリアへ留学。東海女子短期大学講師、岡崎女子短期大学付属嫩幼稚園園長などを務める。全国大学音楽教育学会専務理事、兵庫大学短期大学部教授、東萌保育専門学校教授を歴任。

［主な著書］
　『手話によるメッセージソング1』『手話によるメッセージソング2』『手話によるクリスマスソング』『手話で歌おう』『子どもとつくる劇あそび「ドラムジカ」』『「作って表現」とっておき20の実践』『手話でうたおう子どもの歌』(以上、音楽之友社刊)。『幼児音楽教育ハンドブック』『あたらしい音楽表現』『NEW うたってひこう』(以上共著、音楽之友社刊)。『みんなだいすき子どものうた　どれみファンタジーランド』『みんなだいすき音楽ひろば　おんがく大冒険』(以上、エー・ティー・エヌ刊)。『なつかしいメロディを手話でうたおう』(ドレミ楽譜出版社)、『心にのこる四季の歌　思い出の歌を手話でうたおう』(黎明書房)、『はじめてのやさしい手話の歌あそび』(ひかりのくに)他、多数。

保育者のための　手あそび（て）歌あそび（うた）60

2004年3月31日　第1刷発行
2018年10月31日　第13刷発行

編著者　伊藤　嘉子（いとう　よしこ）
発行者　堀内　久美雄
　　　　東京都新宿区神楽坂6-30
発行所　株式会社　音楽之友社
　　　　電話03(3235)2111(代表) 〒162-8716
　　　　振替00170-4-196250

装丁：石渡早苗／イラスト：たかき みや／編集協力：古川亨
楽譜浄書：スタイルノート／印刷：岩佐印刷所／製本：ブロケード

Ⓒ 2004 by Yoshiko Ito　　　　　　　　　　　　　　　　　Printed in Japan

日本音楽著作権協会（出）許諾第0404387-813号

落丁本・乱丁本はお取替いたします。
ISBN978-4-276-31318-7 C1073